从"秦淮旧梦"到"燕市悲歌"

曹雪芹遗迹寻踪

石中琪 著

文化艺术出版社
Culture and Art Publishing House

图书在版编目（CIP）数据

从"秦淮旧梦"到"燕市悲歌"：曹雪芹遗迹寻踪 / 石中琪著.—北京：文化艺术出版社，2022.7
ISBN 978-7-5039-7273-7

Ⅰ.①从… Ⅱ.①石… Ⅲ.①曹雪芹（1715-1763）—故居—研究 Ⅳ.①K878.24

中国版本图书馆CIP数据核字（2022）第117516号

从"秦淮旧梦"到"燕市悲歌"：曹雪芹遗迹寻踪

著　　者　石中琪
责任编辑　廖小芳
责任校对　董　斌
封面设计　赵　蠹
出版发行　文化艺术出版社
地　　址　北京市东城区东四八条52号（100700）
网　　址　www.caaph.com
电子邮箱　s@caaph.com
电　　话　（010）84057666（总编室）　84057667（办公室）
　　　　　　84057696—84057699（发行部）
传　　真　（010）84057660（总编室）　84057670（办公室）
　　　　　　84057690（发行部）
经　　销　新华书店
印　　刷　国英印务有限公司
版　　次　2022年7月第1版
印　　次　2022年7月第1次印刷
开　　本　880毫米×1230毫米　1/32
印　　张　7.75
字　　数　163千字
书　　号　ISBN 978-7-5039-7273-7
定　　价　68.00元

版权所有，侵权必究。如有印装错误，随时调换。

序言：这里是曹雪芹写《红楼梦》的地方

张庆善

据悉，崇文门外蒜市口十七间半曹雪芹故居纪念馆复建工程基本完成，有望年内开馆[①]，这是中国文化史上的一件大事，是广大《红楼梦》研究者、爱好者多年的期盼，因为这里是唯一有可考文献记载的伟大文豪曹雪芹故居，是曹雪芹长期生活的地方，也是文学巨著《红楼梦》诞生的地方。

清雍正五年丁未（1727 年）十二月，曹頫（曹雪芹的父亲或是叔叔）因骚扰驿站等罪名，被革职抄家，从此，赫赫扬扬近六十年的江南曹家一败涂地。雍正六年戊申（1728）春夏之交，曹雪芹随祖母回到北京。曹雪芹一家回到北京后住在什么地方？很长时间人们并不清楚。1982 年 10 月 22 日至 29 日，第三届全国《红楼梦》学术研讨会在上海师范学院（即今天的上海师范大学）举行，在这次研讨会上，著名红学家、中国第一历史档案馆研究员张书才先生，发布了

[①] 蒜市口十七间半曹雪芹故居纪念馆于 2019 年 1 月启动，2020 年 12 月主体毛坯竣工。本文撰写于 2021 年三四月间，蒙原文作者张庆善先生俯允，代为本书序言。2021 年 12 月故居纪念馆试运营，定于 2022 年 7 月正式开馆。——本书作者注

中国第一历史档案馆所藏清代内务府档案中新发现的一件满汉文字合璧的刑部移会：《刑部为知照曹頫获罪抄没缘由业经转行事致内务府移会》，全文如下：

刑部为移会事。

江南清吏司案呈。

先据署苏抚尹咨称：奉追原任江宁织造曹寅名下得过赵世显银八千两一案，随经饬令上元县遵照勒追去后。今据该县详称："县详织造隋批开：前任织造之子曹頫已经带罪在京，所有家产奉旨赏给本府，此处并未遗留可追之人。等情。"查曹寅应追银两，原奉部文在于伊子名下追缴。今一年限满，即据查明伊子曹頫现今在京，又无家属可以着追，上元县承追职名似应邀免。等因咨部。

本部以曹寅名下应追银两，江省既无可追之人，何至限满始行详报，明属玩延，行文该旗作速查明曹頫是否在京，并江省有无可追之人，咨复过部，以凭着追。仍令该抚将承追不力职名补参，并知会办理赵世显事务之王、大人等在案。

今于雍正七年五月初七日，准总管内务府咨称：原任江宁织造、员外郎曹頫，系包衣佐领下人，准正白旗满洲都统咨查到府。查曹頫因骚扰驿站获罪，现今枷号。曹頫之京城家产人口及江省家产人口，俱奉旨赏给隋赫德。后因隋赫德见曹寅之妻孀妇无力，不能度日，将赏伊之家产人口内，于京城崇文门外蒜市口地方房十七间半、家仆三对，给与曹寅之妻孀妇度命。除此，京城、江省再无着落催追之人。相应咨部。等因前来。

据此，应将内务府所咨曹寅之子曹𫗴京城及江省家产人口，俱经奉旨赏给隋赫德缘由，知会办理赵世显事务之王大人等可也。

雍正七年七月二十九日①

据张书才先生研究，这件刑部移会，是在审追赵世显贪污案的过程中形成的。赵世显曾任河道总督十三年之久，贪赃枉法被查办，在查案中牵扯到曹雪芹的爷爷曹寅（得过赵世显银八千两），因曹寅早已去世，故奉文在曹寅的儿子曹𫗴名下追缴。又，根据《雍正朝汉文朱批奏折汇编》第十一册载《江宁织造隋赫德奏曹𫗴房地产暨家人情形折》（雍正六年三月初二日），说得更清楚：

至曹𫗴家属，蒙恩谕少留房产以资养赡。今其家属不久回京，奴才应将在京房屋人口酌量拨给，以彰圣主覆载之恩。②

可见蒜市口十七间半这个地方是遵照雍正皇帝的旨意给曹家留下的，这与雍正处理李煦的情景有很大的不同。作为江南三织造之一的苏州织造李煦，与曹雪芹家关系极为密切，正如《红楼梦》中所说，是一荣俱荣、一损俱损的关系。曹雪芹的奶奶（曹寅的妻子）就

---

① 转引自张书才《新发现的曹𫗴获罪档案史料考析》，《曹雪芹家世生平探源》，白山出版社 2009 年版，第 44—45 页。
② 此折收录于中国第一历史档案馆编《雍正朝汉文朱批奏折汇编》第十一册，江苏古籍出版社 1991 年版，第 808 页；此折又称《江宁织造隋赫德奏细查曹𫗴房地产及家人情形折》（雍正朝），参见故宫博物院明清档案部编《关于江宁织造曹家档案史料》，中华书局 1975 年版，第 188 页。

是李煦的堂妹。李煦一家的命运显然比曹家惨得多，雍正一上台，就抄了李煦的家，财产全部抄没，家中仆人卖掉，还把70多岁的李煦发配到东北的打牲乌拉，以致李煦惨死在那里。但他对曹家的处理似乎手下留情，曹𫖯只是"枷号"，还拨给曹家部分房产，以资养赡，这确实是"皇恩浩荡"了，其中原由，值得深入研究。不管怎么样，当时曹雪芹家是获罪之家，在江南和北京的房产都被没收了，只有这一个地方是雍正皇帝格外开恩"赐"给曹家居住的，因此曹雪芹家只能住这里，而且住的时间不会短，因为这是皇帝"恩赐"的地方，曹家是不能随意搬走的，曹家也没有别的地方去。

但"崇文门外蒜市口十七间半"的具体位置到底在哪里，人们一直没有搞清楚。张书才先生经多年研究，于1991年在《红楼梦学刊》第2辑发表了《曹雪芹蒜市口故居初探》一文，首次考析论证了蒜市口16号院"应该就是曹雪芹故居，或者说至少要比其他几个院落具有更大的可能性"①。他的观点得到绝大多数专家学者的认可。张书才先生根据什么认定蒜市口16号院就是曹雪芹故居呢？他说："我之所以认为蒜市口16号院应该是曹雪芹故居遗址，概而言之是三条：一是该院在乾隆《京城全图》上是一个三进宅院，总计有房十八间，与'十七间半'相近，且历史沿革及房屋变迁情况较为清楚；二是该院的房屋方位及地域环境，与曹寅《南轩种竹》等诗中'西堂南辟市为邻''古寺凉风挽鹿车'及'近市''衡门'诸具体描写相吻合；三是该院的后院古井、'端方正直'四扇屏门、'韫玉怀珠'的匾

---

① 张书才：《曹雪芹蒜市口故居初探》，《红楼梦学刊》1991年第2辑。

额等遗迹、遗物，适与《红楼梦》中荣国府嫡系人物贾政父子的人品、命名及'脂批'中提到的雍正末年至乾隆初年曹雪芹家中之'矮𩗴舫''谢园'等，有着某种关联，揭示了该院与蒜市口曹家旧宅之间的渊源关系。"① 后来蒜市口 16 号院遗址的挖掘，进一步证明了张书才先生的观点是正确的。

你说蒜市口十七间半就是曹雪芹故居，因为这有无可争议的文献史料证明，尽管在具体地址上还有一些争议，但当年的蒜市口不过一二百米长，再怎么争议，曹雪芹故居也离不开蒜市口，也离今天复建的"故居"不会太远。但要说这里就是曹雪芹写作《红楼梦》的地方，有人就会反驳了——不是说曹雪芹在西山写的《红楼梦》吗？怎么可能是在蒜市口写的《红楼梦》呢？这些年这个说法流传很广，影响很大，说什么曹雪芹最后十年在西山的黄叶村写了《红楼梦》，到后来书没有写完，曹雪芹就病死了，等等。这其实是一个误传，顶多是一个"传说"。

著名红学家蔡义江先生多年前在《〈红楼梦〉是怎样写成的》一书中，就令人信服地回答了"曹雪芹在黄叶村著书了吗"这个问题。他说："曹雪芹晚年在北京西山黄叶村著书，这好像没有什么疑问，还有画家专就此题材作过《黄叶村著书图》的画，怎么现在却提出疑问来了呢？我不是故意要标新立异，不过是尊重事实而已。在我看来，曹雪芹确实没有在黄叶村著书，尤其是没有再继续写《红楼梦》。

---

① 张书才：《〈京城全图〉是不能随意分割拼合的——就曹雪芹故居回应张秉旺先生》，《曹雪芹生平家世探源》，白山出版社 2009 年版，第 163 页。

《红楼梦》已在雪芹迁往西山前写成了,还写什么呢?"①蔡先生说曹雪芹在迁居西山前《红楼梦》已经写完了,真的吗?这有根据吗?确如蔡先生所说,曹雪芹在去西山居住之前已经完成了《红楼梦》的创作,是有确凿的根据的。要论证这个问题,只要弄清楚两个关键性时间点就行了,一是曹雪芹什么时候写完《红楼梦》的?二是曹雪芹什么时间迁居西山的?

现存《红楼梦》早期抄本《脂砚斋重评石头记》(甲戌本)上,有一段关于曹雪芹创作《红楼梦》十分重要的交代:"后因曹雪芹于悼红轩中披阅十载,增删五次,纂成目录,分出章回,则题曰《金陵十二钗》,并题一绝云:满纸荒唐言,一把辛酸泪。都云作者痴,谁解其中味。"诗后有一行文字:"至脂砚斋甲戌抄阅再评仍用石头记。"②而在甲戌本的"凡例"结尾,亦有一诗:"浮生着甚苦奔忙,盛席华筵终散场。悲喜千般同幻渺,古今一梦尽荒唐。漫言红袖啼痕重,更有痴情抱恨长。字字看来皆是血,十年辛苦不寻常。"③"披阅十载"和"十年辛苦不寻常",都清楚地告诉我们,曹雪芹写《红楼梦》用了十年的时间,而到甲戌年脂砚斋抄阅再评,《红楼梦》已历经"披阅十载,增删五次"基本写完了。为什么说是基本写完了,我的意思是说《红楼梦》已经基本完成了全稿,包括八十回以后的情节以至全书结尾的"情榜"等等,都完成了,但在一些地方还需要修补,如十七、十八回的分回问题,林黛玉的眼睛该怎么写,等等。乾

---

① 蔡义江:《〈红楼梦〉是怎样写成的》,北京图书馆出版社2004年版,第197页。
② 曹雪芹:《脂砚斋重评石头记:甲戌本》,人民文学出版社2010年版,第16页。
③ 曹雪芹:《脂砚斋重评石头记:甲戌本》,人民文学出版社2010年版,第5页。

隆十九年甲戌即1754年，由此往前推十年或十一年、十二年（因为甲戌年是"再评"，而每一次评阅的时间差不多二年），那就是乾隆七年、八年或九年，即1742年、1743年或1744年，曹雪芹创作《红楼梦》应该是从1742年、1743年或1744年动笔的。有一种说法认为曹雪芹在生活非常凄苦的境遇下，接受他的朋友敦诚敦敏兄弟"不如著书黄叶村"的劝告，于乾隆六、七年（1742、1743）就举家迁往西山，开始了《红楼梦》的创作。这个观点没有任何文献支持，是主观推测，是不能为据的。敦诚生于雍正十二年（1734），到乾隆六、七年也不过虚岁八岁、九岁，他那时根本不可能认识曹雪芹，而且一个八九岁的小孩又如何能劝曹雪芹"不如著书黄叶村"呢？更何况，敦诚写诗劝曹雪芹"不如著书黄叶村"，是在乾隆二十二年（1757），而他在乾隆九年（1744）入的右翼宗学，在这之后的几年里他才与曹雪芹相识相聚，曹雪芹怎么可能在去右翼宗学之前就举家迁居西山了呢？因此我们可以肯定地说，曹雪芹是在离开右翼宗学以后，才移居西山一带的。

那么曹雪芹是什么时间迁居西山的呢？这就不能不提曹雪芹与敦诚、敦敏兄弟在右翼宗学相识的时间及离开右翼宗学的时间。

我们知道敦诚生于1734年，乾隆九年甲子（1744）十一岁时入右翼宗学，当时他的哥哥敦敏也在右翼宗学，年十六岁。乾隆二十二年丁丑（1757），敦诚在喜峰口替他的父亲做松亭关税的差事，他在秋天写了一首诗《寄怀曹雪芹（霑）》，这首诗对论证曹雪芹到底是在什么地方写《红楼梦》的，至关重要，不妨全诗照录：

少陵昔赠曹将军，曾日魏武之子孙。
君又无乃将军后，于今环堵蓬蒿屯。
扬州旧梦久已觉（雪芹曾随先祖寅织造之任），
且著临邛犊鼻裈。
爱君诗笔有奇气，直追昌谷破篱樊。
当时虎门数晨夕，西窗剪烛风雨昏。
接䍦倒著容君傲，高谈雄辩虱手扪。
感时思君不相见，蓟门落日松亭樽（时余在喜峰口）。
劝君莫弹食客铗，劝君莫叩富儿门。
残杯冷炙有德色，不如著书黄叶村。①

这首诗告诉我们这样几条重要的信息：（1）敦诚这首诗写于乾隆二十二年（1757），证明这个时候，曹雪芹已经移居西山了；（2）曹雪芹在西山居住的地方很荒凉，生活贫穷；（3）曹雪芹在西山的生活如同临邛卖酒的司马相如，很可能是靠买字画谋生；（4）敦诚极为敬佩曹雪芹的才华；（5）敦诚很怀念当年在"虎门"（即右翼宗学）与曹雪芹朝夕相聚时的快乐时光，尤其是曹雪芹喝酒后那种傲世狂态、不拘礼俗的形象历历在目；（6）敦诚劝曹雪芹再贫穷也不必发牢骚，乞求富人，看人家的脸色，不如像以前那样去写书吧（"不如著书黄叶村"，即写《红楼梦》）。

那么，敦诚诗中所说的"当时"，即他与曹雪芹在右翼宗学相识

---

① 转引自蔡义江《红楼梦诗词曲赋鉴赏》，中华书局 2004 年版，第 478-479 页。

是什么时候呢？我们前面说过，敦诚是十一岁入右翼宗学的，但让十一岁（是虚岁）的敦诚与曹雪芹"当时虎门数晨夕，西窗剪烛风雨昏"，那当然是不可能的。曹雪芹更不可能与一个虚岁十一岁的小孩"接䍦倒著容君傲，高谈雄辩虱手扪"。因此吴恩裕先生认为敦诚的"当时"应该是乾隆十三、十四年，此时敦诚十五六岁，敦敏二十一二岁。他还认为曹雪芹因故在乾隆十五、十六年就离开了右翼宗学而不久就搬到了西郊去住了。①

周汝昌先生在《红楼梦新证》中则认为，曹雪芹移居西郊当在乾隆二十一年丙子（1756）前后，他的根据是："雪芹何时迁居山村，不可确考；唯去年敦诚犹在宗学岁试优等记名，而明年敦诚赠诗已有'残杯冷炙有德色，不如著书黄叶村'之句，可知其时盖由宗学卸职，寄居亲友一类生活阶段而转入山村僻处之交关也，颇疑迁入村居当不出本年前后。"②

我认为吴恩裕先生、周汝昌先生生的分析很有道理，曹雪芹与敦诚在右翼宗学相识时，极可能是乾隆十三年、十四年。而曹雪芹移居西山的时间，不会早于乾隆十五、十六年，也不会晚于乾隆二十二年。我们知道，根据甲戌本的记载，曹雪芹早在乾隆七年、八年或九年就开始《红楼梦》创作了，因此不管是乾隆十五、十六年，还是乾隆二十一年曹雪芹移居西山，都足以证明《红楼梦》不是在西山写的，因为在曹雪芹开始创作《红楼梦》的时候，他还不认识敦诚、敦

---

① 参见吴恩裕《曹雪芹丛考》，上海古籍出版社 1980 年版，第 90 页。
② 周汝昌：《红楼梦新证·史事稽年》，人民文学出版社 1976 年版，第 717 页。

敏兄弟，还没有去右翼宗学，自然谈不上离开右翼宗学，更谈不上移居西山。按吴恩裕先生说法，曹雪芹与敦诚兄弟"当时虎门数晨夕，西窗剪烛风雨昏"是乾隆十三、十四年，又说曹雪芹是乾隆十五、十六年离开了右翼宗学，他们相处只有两年左右时间，我认为这与"数晨夕"不甚合，我个人更倾向于曹雪芹离开右翼宗学的时间极可能在乾隆十八年、十九年，甚至是乾隆二十年。那时，曹雪芹基本完成了《红楼梦》，他把稿子交给了脂砚斋、畸笏叟等亲友抄阅，他因处世难、生活困难等原因移居西山。吴恩裕先生认为，曹雪芹离开右翼宗学以后，生活无着落，"曹雪芹离开右翼宗学不是'善'离，而是有些'文章'的，并且他自乾隆十五、十六年离开宗学之后，生活一下子就成了问题"[①]。这可能就是促使曹雪芹移居西山的主要原因。

曹雪芹移居西山一个小山村，具体什么地方，已不可考。但有一点是"可考"的，就是住的山村很偏僻，人烟稀少，生活很贫穷。敦诚诗中说"于今环堵蓬蒿屯"[②]（《寄怀曹雪芹（霑）》）"满径蓬蒿老不华，举家食粥酒常赊。衡门僻巷愁今雨，废馆颓楼梦旧家。司业青钱留客醉，步兵白眼向人斜。阿谁买与猪肝食，日望西山餐暮霞。"[③]（《赠曹雪芹》）敦敏诗中说："碧水青山曲径遐，薜萝门巷足烟霞。寻诗人去留僧舍，卖画钱来付酒家。"[④]（《赠芹圃》）张宜泉诗中说："寂寞西郊人到罕，有谁曳杖过烟林。"[⑤]（《和曹雪芹西郊信步憩废寺原

---

① 吴恩裕：《曹雪芹丛考》，上海古籍出版社1980年版，第97页。
② 转引自蔡义江《红楼梦诗词曲赋鉴赏》，中华书局2001年版，第478页。
③ 转引自蔡义江《红楼梦诗词曲赋鉴赏》，中华书局2001年版，第482页。
④ 转引自蔡义江《红楼梦诗词曲赋鉴赏》，中华书局2001年版，第493页。
⑤ 转引自蔡义江《红楼梦诗词曲赋鉴赏》，中华书局2001年版，第500页。

韵》)"爱将笔墨逗风流,庐结西郊别样幽。门外山川供绘画,堂前花鸟入吟讴。"①(《题芹溪居士》)敦诚、敦敏、张宜泉的诗中都描绘了曹雪芹晚年居住山村的偏僻荒凉,生活极为困难。曹雪芹居住的地方是"环堵蓬蒿屯",是"衡门僻巷",是"寂寞西郊人到罕",是"庐结西郊别样幽"。而他生活的状况是"举家食粥酒常赊",是"卖画钱来付酒家"。无论是生活的环境、生存的条件以及心情,住在西山的曹雪芹都根本无法去创作《红楼梦》,他在那样的生活环境中,吃饭都成了问题,他又如何去写"备记风月繁华之盛"的《红楼梦》呢?更何况,《红楼梦》明明在他移居西山之前就已经基本写完了,他到西山还写什么呢?

那么,曹雪芹移居西山后,会不会继续"修补"《红楼梦》呢?也不可能。蔡义江先生说:"雪芹最后十年左右迁居西郊某山村后,吟诗、作画、出游、访友、饮酒、哭歌、高谈、题壁、留僧舍、悲遇合、举家食粥、白眼向人等等,都可以一一找到资料依据,唯独找不到一点著书、改稿的迹象。脂评中虽有'书未成''此回未成'等等的话,但都不是他一直在写书而来不及写成的证据。那只是表示书稿残缺后,没有去补成它,遂使这些耗费半生心血写成的文字,最终却不能成书的憾恨。"②他还指出,"不如著书黄叶村",不是"著书黄叶村"。正是因为曹雪芹晚年生活困顿潦倒,心中愤懑,他的好朋友敦诚才劝他:"劝君莫弹食客铗,劝君莫叩富儿门。残杯冷炙有德

---

① 转引自蔡义江《红楼梦诗词曲赋鉴赏》,中华书局2001年版,第501页。
② 蔡义江:《〈红楼梦〉是怎样写成的》,北京图书馆出版社2004年版,第198页。

色,不如著书黄叶村。"蔡义江先生指出,从甲戌(1754)重评后的己卯、庚辰本的情况就可以看出,甲戌后诸本,虽有文字上的一些差异,但均非作者自己的改笔,这足可证明作者自己根本没有再审改过已写成的书稿。其他明显漏误、破损或批"俟雪芹"等语的,均绝无回应,可知说雪芹死前一直在写书是不符合实际的。①

曹雪芹不是在西山写的《红楼梦》,那么他是在哪里写的呢?当然是在他的家里写的《红楼梦》了,他的家就是崇文门外蒜市口十七间半。这样的判断,是有依据的:

(1)崇文门外蒜市口十七间半,是唯一有可靠文献记载证明的曹雪芹的家,是根据雍正皇帝的谕旨"恩赐"给曹家的,不是一般的居住地。

(2)曹雪芹家当时在北京除了这里已经没有其他房产了,因此曹雪芹在这里居住的时间不会短,甚至是大半生都是住在这里,直到最后十年左右迁居西山一带。

(3)《红楼梦》有关情节透露,崇文门外蒜市口这里的生活环境和生活经历,对曹雪芹创作《红楼梦》有一定的影响。

(4)据《内务府奏将应予宽免欠项人员缮单请旨折》记载,曹頫分赔骚扰驿站银四百四十三两二钱,从雍正六年(1728)六月审结催缴,到雍正十三年(1735)十月,仅交过银一百四十一两。②曹家被抄家后,确实是败落了,连几百两银子都拿不出来了,由此可见曹

---

① 参见蔡义江《〈红楼梦〉答客问》,龙门书局2013年版,第123—124页。
② 参见故宫博物院明清档案部编《关于江宁织造曹家档案史料》,中华书局1975年版,第201页。

家当时生活状况之一斑。根据甲戌本的记载，曹雪芹是从乾隆七年、八年或九年开始创作《红楼梦》的，在曹雪芹开始写《红楼梦》的时候，曹家根本不可能再置房产，也不敢置房产，曹雪芹只能住在这里。

曹雪芹在蒜市口十七间半写《红楼梦》，是张书才先生最早提出的。他说：曹家"全家败回北京后，即住蒜市口，就近访游诸寺，日久与寺僧交契，又爱寺院雅静清幽，或在贫穷难奈凄凉之时，一度寄寓卧佛寺中，甚至在此始作《红楼梦》之构思乃至初稿，自有可信之处。试看《红楼梦》第一回便写一寄居葫芦庙的穷儒贾雨村，说他'自前岁来此，又淹蹇住了，暂寄庙中安身，每日作文卖字为生'，而蒙古王府本在此处有一条批语，特地点明：'庙中安身，卖字为生，想是过午不食的了。'作者如此写，批者如此批，似非偶然，盖'隐'有作者雪芹、批者脂砚的一段亲身经历，即寄寓萧寺，作文卖字、过午不食的落魄生涯"①。张书才先生的这个分析是很有道理的。

蔡义江先生也说过："1999年6月初，我与友人们访问了当年雍正发还给曹𫖯赡养'两世孀妇'的崇文门外蒜市口'十七间半'老宅。我想，这里是有清档案可查的确确实实的曹雪芹故居。雪芹从幼年随家自南京回到北京后，就住在这儿。到他三十岁左右独自迁往西郊某山村居住前，是否还搬到别的地方去过，因资料缺乏，难以推断。《红楼梦》的创作既开始甚早，作者还不满二十岁，必定还住在

---

① 张书才：《雪芹旧居 京华何处》，《曹雪芹家世生平探源》，白山出版社2009年版，第143页。

这里。所以,我十分感慨地写了一首小诗说:'曹家馀此宅,春梦了无痕。泣血书成后,独迁黄叶村。'"①

坊间传说,曹雪芹流落无依,寄食亲友家,每晚挑灯写《红楼梦》,没有纸,就用日历纸背写书。还有的说,曹雪芹素放浪,至衣食不给,其父执某,钥空室中,三年时间,《红楼梦》写成。这种种传闻,可以给"曹雪芹故事""曹雪芹传奇"增添谈助,但因没有任何文献依据,对研究曹雪芹不足为证。试想,曹雪芹要写出几十万字的《红楼梦》,如果没有比较安定的生活环境和必要的生活条件,没有大量的素材积累,没有大量的阅读(《红楼梦》内容极为丰富,涉及多方面的知识,不大量地阅读,知识从哪里来?)他怎么能写出"传神文笔足千秋"的《红楼梦》呢?因此,根据《红楼梦》成书的时间,根据曹雪芹家当时的生活状况,根据蒜市口十七间半是雍正皇帝"恩赐"给曹家的唯一房产,这就决定了曹雪芹在这里生活的时间不会短,我们完全可以肯定地说崇文门外蒜市口十七间半就是曹雪芹写《红楼梦》的地方,至少他是在这里开始了《红楼梦》的创作。

当年虽然绝大多数专家学者认为蒜市口 16 院就是曹雪芹故居,但因 16 号院处在两广大街的施工路段内,最后被拆除了,并确定在崇文门外大街十字路口东北角,按照广渠门内大街 207 号(原蒜市口 16 号院)曹雪芹故居遗址的占地面积,及其在乾隆《京城全图》上的形状、房屋布局,复建一座具有康雍时期外城居民风貌的三进院落,建立曹雪芹纪念馆。我认为保留原址自然是最好的,但在当时的

---

① 蔡义江:《〈红楼梦〉是怎样写成的》,北京图书馆出版社 2004 年版,第 199 页。

情况下，从实际出发，北京市政府决定在原址附近重新复建，仍是值得肯定的。再有争议，这里也是蒜市口，蒜市口也就一二百米长，现在复建的曹雪芹故居离"蒜市口 16 号院"很近很近，这里当然就是曹雪芹的故居了。

今天崇文门外蒜市口十七间半曹雪芹故居复建工程终于基本完成，在人们的期盼中，年内有望开馆了，我们衷心地庆贺曹雪芹故居的复建，我们期待到曹雪芹的"家"，在《红楼梦》诞生的地方，向伟大的文学家致以崇高的敬意。

2021 年 4 月

目 录

引 论 / 001

第一章 京华何处觅芹踪——蒜市口十七间半曹雪芹故居发现始末 / 051
  第一节　寻找曹雪芹故居 / 054
  第二节　《刑部移会》与蒜市口十七间半曹雪芹故居的发现 / 063
  第三节　文化界对蒜市口十七间半曹雪芹故居的考察与持续
     关注 / 078

第二章 围绕"蒜市口十七间半曹雪芹故居"的论争 / 083
  第一节　"崇文门外蒜市口地方"的范围 / 085
  第二节　何谓"十七间半" / 121
  第三节　曹雪芹故居研究的方法演进与学理思考 / 136

第三章 蒜市口十七间半曹雪芹故居的拆除与复建 / 145
  第一节　"拆"还是"不拆"——这是个问题 / 148
  第二节　蒜市口十七间半曹雪芹故居的拆除与发掘 / 155
  第三节　蒜市口十七间半曹雪芹故居复建纪实 / 162

第四章　曹雪芹与《红楼梦》文化遗迹建设的当代价值 / 169
　　第一节　蒜市口十七间半曹雪芹故居纪念馆在曹—红文化景观体系中的定位 / 172
　　第二节　新时代语境下曹—红文化景观的运营模式与运营现状调研 / 178
　　第三节　蒜市口十七间半曹雪芹故居纪念馆的未来运营与当代文化建设 / 206

结　语 / 211

附录一　蒜市口十七间半曹雪芹故居研究资料索引 / 217

附录二　蒜市口十七间半曹雪芹故居研究学术年谱 / 223

引论

为官的，家业凋零。富贵的，金银散尽。
有恩的，死里逃生。无情的，分明报应。
欠命的，命已还。欠泪的，泪已尽。
冤冤相报实非轻，分离合聚皆前定。
欲知命短问前生，老来富贵也真侥幸。
看破的，遁入空门。痴迷的，枉送了性命。
好一似食尽鸟投林，
落了片白茫茫大地真干净！

——《红楼梦曲·收尾·飞鸟各投林》[①]

[①] 本书有关《红楼梦》原文均引自曹雪芹著，无名氏续，程伟元、高鹗整理，中国艺术研究院红楼梦研究所校注《红楼梦》，人民文学出版社2022年版，不赘注。

一

大清雍正五年（1727）十二月十五日，内阁奉上谕下旨："著隋赫德以内务府郎中职衔接任曹頫管理江宁织造事务。"①

二十四日，雍正皇帝下旨，著令江南总督范时绎查封曹頫家产，谕旨言辞峻烈："江宁织造曹頫，行为不端，织造款项亏空甚多。……有违朕恩，甚属可恶！著行文江南总督范时绎，将曹頫家中财物，固封看守，并将重要家人，立即严拿；家人之财产，亦著固封看守，俟新任织造官员隋赫德到彼之后办理。"②

曹頫是康熙朝名臣曹寅之嗣子，曹寅在康熙一朝荣宠备极，任苏州织造、江宁织造二十年之久，清圣祖玄烨六次南巡，曹寅四次在江宁织造府接驾，纵览历代朝臣，有此殊荣者恐绝无仅有。而其孙曹雪芹一部追忆家族盛衰的皇皇巨著《红楼梦》，更使得曹家在后世声名显扬。

如果从康熙二年（1663）曹寅之父曹玺首任江宁织造算起，至曹寅之子曹颙、曹頫连任其职，曹家在江南赫赫扬扬已有一个甲子。如果我们把历史的眼光放得再长远些，从曹玺的祖父、父亲即曹锡远（又作曹世选）、曹振彦父子辽阳发迹算起，这个家族的兴盛已历五代百年。

---

① 故宫博物院明清档案部编：《关于江宁织造曹家档案史料》，中华书局1975年版，第184页。
② 故宫博物院明清档案部编：《关于江宁织造曹家档案史料》，中华书局1975年版，第185页。

《红楼梦》里说:"月满则亏,水满则溢。""荣辱自古周而复始。"功名奕世、富贵流传的百年望族,自曹锡远、曹振彦军功起家,经曹玺发扬光大,曹寅盛极而衰,到曹颙、曹頫兄弟一败涂地,曹家正好历经五代。君子之泽,五世而斩。至曹家末代织造曹頫因亏欠帑银、转移家产、骚扰驿站等罪名被枷号入狱,曹家至此彻底败落。而我们要追踪寻找的曹雪芹,这样算起来则是这个家族的第六代。曹家抄家败落之时,他应该还只是一位十二三岁的少年。

　　根据《江宁织造隋赫德奏细查曹頫房地产及家人情形折》等档案,我们可以知道曹家败落时的大致情形:细查其房屋并家人住房十三处,共计四百八十三间;地八处,共十九顷零六十七亩;家人大小男女,共一百四十口。余则桌椅、床几、旧衣零星等件及当票百余张外,并无别项。①

　　此外,曹頫自报家产:"所有遗存产业,惟京中住房二所,外城鲜鱼口空房一所,通州典地六百亩,张家湾当铺一所,本银七千两,江南含山县田二百馀亩,芜湖县田一百馀亩,扬州旧房一所。此外并无买卖积蓄。"②

　　至雍正六年(1728)七月二十九日,曹頫仍在枷号之中。曹家在京城家产人口及江宁家产人口,都已被下旨赏给隋赫德。雍正皇帝总算天恩浩荡,没有斩尽杀绝,留了最后一丝怜悯,把京城崇文门外

---

① 参见故宫博物院明清档案部编《关于江宁织造曹家档案史料》,中华书局1975年版,第187—188页。
② 故宫博物院明清档案部编:《关于江宁织造曹家档案史料》,中华书局1975年版,第132页。

蒜市口地方房屋十七间半、家仆三对，给与曹寅之妻孀妇度命。①

从此，曹家逐渐消隐在历史的烟尘之中。

二十多年后，一部《石头记》横空出世，故事缘起称曹雪芹披阅增删，其后此书以《红楼梦》名满天下，震铄古今，对此书和它的作者也有了无数的传说。

二

《红楼梦》开篇，作者一再诉说："因曾经历一番梦幻之后，故将真事隐去。""用假语村言，敷衍出一段故事……"因而使之笼罩了一层绚丽玄幻的迷雾，自其问世之日起围绕此书的探讨便层出不穷，众说纷纭而又莫衷一是。恰如鲁迅先生在《〈绛洞花主〉小引》中的名言："谁是作者和续者姑且勿论，单是命意，就因读者的眼光而有种种：经学家看见《易》，道学家看见淫，才子看见缠绵，革命家看见排满，流言家看见宫闱秘事……"②近三百年来，对《红楼梦》的解读千奇百怪，而对其作者的认定也五花八门。曹雪芹的著作权更是不断受到质疑，从前因为史料的缺失，对其生平研究也颇多不易，说是者难以证实，而说非者也难证伪，以至于《红楼梦》的作者被考列出百种以上，仅作者问题就已乱花渐欲迷人眼。

然而，这只是浮在繁华红学表面的喧闹，深入考察《红楼梦》

---

① 参见故宫博物院明清档案部编《关于江宁织造曹家档案史料》，中华书局1975年版，第187—188页。
② 吴子敏编：《鲁迅论文学与艺术》，人民文学出版社1980年版，第231页。

的文本和清代有关档案史料,《红楼梦》作者为曹雪芹已然历历分明。

首先《红楼梦》小说文本文字,作者写在书中:

曹雪芹于悼红轩中,披阅十载,增删五次,纂成目录,分出章回,则题曰《金陵十二钗》。

或质疑曹雪芹,不过是编辑者之角色,因书中有言:此书乃是石头所记,情僧抄传,雪芹增删。若笃信此言,恐还得去大荒山寻"补天遗"。文人涉笔,多喜风华,石头故事,不过是作者精巧构思的叙事开篇,所云披阅增删、纂分回目者,言其著书十年辛苦、五易其稿之不寻常也。正如脂批所言:

若云雪芹披阅增删,然则开卷至此,这一篇楔子又系谁撰?足见作者之笔,狡猾之甚。后文如此处者不少。这正是作者用画家烟云模糊处,观者万不可被作者瞒蔽了去,方是巨眼。①

其次,脂批为证。随《红楼梦》早期抄本一起流传的脂砚斋批语,一再点明曹雪芹乃是《红楼梦》的真正作者,而此时曹雪芹尚在人世。除去上所引脂批外,还可再列数条为据:

---

① 曹雪芹著,脂砚斋评,吴铭恩汇校:《红楼梦脂评汇校本》,清华大学出版 2019 年版,第 8 页。

一、雪芹旧有《风月宝鉴》之书，乃其弟棠村序也。今棠村已逝，余睹新怀旧，故仍因之。

二、只此一诗便妙极！此等才情，自是雪芹平生所长，余自谓评书，非关评诗也。

三、"秦可卿淫丧天香楼"，作者用史笔也。老朽因有魂托凤姐贾家后事二件，嫡是安富尊荣坐享人能想得到处。其事虽未漏，其言其意则令人悲切感服，姑赦之，因命芹溪删去。

四、暂记宝钗制谜云：朝罢谁携两袖烟……光阴荏苒须当惜，风雨阴晴任变迁。此回未成而芹逝矣，叹叹！丁亥夏。畸笏叟。

七、第七十五回回前：

"乾隆二十一年五月初七日对清。缺中秋诗，俟雪芹。

□□□ 开夜宴 发悲音

□□□ 赏中秋 得佳谶"[1]

雪芹之书、雪芹之诗，情节删改，字句斟酌，雪芹非作者而谁也？

再次，文献为证。与曹雪芹同时代或略后的众多文献材料也都证明曹雪芹是《红楼梦》的作者。为红学研究者和爱好者所熟悉的永忠《因墨香得观〈红楼梦〉小说，吊雪芹三绝句，姓曹》、明义《绿烟琐窗集》之《题〈红楼梦〉》20首，此外还有袁枚《随园诗话》、

---

[1] 以上均引自曹雪芹著，脂砚斋评，吴铭恩汇校《红楼梦脂评汇校本》，清华大学出版2019年版。

周春《阅红楼梦随笔》的记载等,也无不昭示着曹雪芹的著作权。

永忠的诗作于乾隆三十三年戊子(1768),距雪芹去世不到十年,诗旁有弘旿(瑶华道人,乾隆皇帝弘历的堂兄弟)的眉批,而诗题所说墨香正是曹雪芹好友敦敏的叔父。

明义《题〈红楼梦〉》诗前小序则直言:

> 曹子雪芹出所撰《红楼梦》一部,备记风月繁华之盛。盖其先人为江宁织府,其所谓大观园者,即今随园故址。惜其书未传,世鲜知者,余见其抄本焉。①

邓之诚《骨董琐记》引西清《桦叶述闻》载:

> 《红楼梦》始出,家置一编,皆曰此雪芹书。②

乾隆甲戌进士周春《阅红楼梦随笔》更是直言:"此书曹雪芹所作。"③

二百多年的红学研究,经过众多学者对大量档案史料的搜集整理,考证钩赜,曹家的历史和曹雪芹的生平轮廓已基本清晰。对照红楼故事,考察曹家故实,《红楼梦》里有作者对家族兴衰说不尽的

---

① 一粟编:《红楼梦资料汇编》,中华书局1964年版(2005年重印),第11页。
② 朱一玄编:《中国古典小说名著资料丛刊〈红楼梦〉资料汇编》,南开大学出版社2012年版,第29页。
③ 周春:《阅红楼梦随笔》,转引自张庆善、孙玉明主编《〈红楼梦〉与个人家事及宫闱秘事》,辽宁古籍出版社1997年版,第20页。

"忆昔感今"。

第十六回贾琏、王熙凤夫妻议论即将到来的"元妃省亲",说及当年太祖皇帝仿舜巡故事,贾琏乳母赵嬷嬷说:"如今现在江南的甄家……独他家接驾四次。若不是我们亲眼看见,告诉谁谁也不信的。"

清圣祖康熙皇帝南巡,接驾四次并驻跸府邸者,除曹家之外别无他家。《红楼梦》的作者和脂批一再提醒我们,书中"真"即是"假","假"即是"真",则"甄家"就是"贾家","贾家"就是"甄家"。而故事里的"甄家""贾家",原型也都源自历史中的曹家。当然《红楼梦》不等于曹家生活实录,但四次接驾的家族荣耀,作者还是忍不住写进了小说之中。

所有的证据指向一个事实:没有人比曹雪芹更可能是《红楼梦》的作者。

三

《红楼梦》的作者在叙写小说故事时,不仅将真事隐去,用假语村言,而且故意掩盖朝代纪年、地舆邦国,却偏偏要留下祖上曾四次接驾圣祖南巡的痕迹。盖此事对曹家的影响过于巨大,既是富贵荣宠顶峰,也是家族败亡的起点。

曹家能接驾四次,与其家族的特殊身份密不可分。

曹家先祖原为明朝武官,世袭沈阳中卫指挥使。明朝末年,后金崛起,努尔哈赤关外起兵,沈阳陷落,曹雪芹的先祖曹锡远、曹振彦父子被俘归降,落籍包衣。包衣,满语为旗下家人,汉译即家奴。

因皇室权贵争斗倾轧，曹家历经旗籍变更，最终归内务府正白旗包衣，成为皇帝家奴。

曹振彦父子从龙入关，因军功起家。顺治六年（1649），廷试八旗熟悉汉文人员，曹振彦考取贡士，以州县即用，次年出任山西吉州知州。顺治九年，升山西阳和府（大同府）知府，顺治十二年九月升任两浙都转运盐使司盐运使。曹振彦长子曹玺，因顺治六年参加平定姜瓖"大同反正"的战斗，立有战功，被提拔为"内廷二等侍卫，管銮仪事"，后又升任内务府内工部郎中。顺治十一年三月清圣祖玄烨出生，按清廷制度，凡皇子皇女出生后，一律在内务府三旗即镶黄、正黄、正白三旗包衣妇人当中，挑选奶妈和保姆。曹玺嫡妻孙氏被选为玄烨保姆，从此，曹家与皇室的关系愈加亲密。

顺治十八年（1661）正月，清世祖福临突然病逝，虚龄八岁的玄烨即位为君，改元康熙，是为圣祖康熙皇帝。曹玺之子曹寅约十二岁即入宫，初为玄烨佩笔侍卫，后入侍任鹰犬处侍卫。约二十岁上岁擢銮仪卫整仪尉，寻迁治仪正。

曹家因与皇室非比寻常的关系而深受宠信。康熙二年（1663）曹玺出任江宁织造，从此专差久任。曹玺在任上不仅管理丝织业，为皇室提供包括丝织品在内的各种消费品，而且访察江南的吏治民情，以为皇帝施政借鉴。康熙十六年丁巳（1677）、十七年戊午，玄烨两次接见曹玺，因其陈述江南吏治"备极详剀"，赐御宴、蟒服，加正一品，并赐御书"敬慎"匾额。曹玺不仅政治上负经济才，且富文采，兼艺能，广结交，清初一些颇有影响的知识分子，都曾与曹玺有过交往。

康熙二十三年（1684），曹玺卒于江宁织造署，玄烨特晋升曹寅为内务府慎刑司员外郎，命其协理江宁织造事务。次年返京，历任内务府会计司、广储司郎中，兼正白旗包衣第三旗鼓佐领。康熙二十九年以内务府广储司郎中出任苏州织造，康熙三十一年调江宁织造，直到康熙五十一年去世为止。

织造最初为明代于江南设专局供应宫中织品的皇商，由提督织造太监主管。清改派任内务府人员，督管此业职官亦称织造。江南织造工场，在江宁、苏州、杭州三地，统称"江南三织造"，而江宁最为重要。江宁织造局有织机约660台，工匠约2500人，主要织满地风云龙缎、蟒缎、妆缎、宫绸、宁绸、片金、折缨等高档织物，此外兼产诰命、神帛、各色驾衣、线罗、采绘等。

皇室重要的经济来源，除织造外还有巡盐与榷关。曹寅在江宁织造任上，自康熙四十年（1701）开始即连续八年承办龙江、淮安、临清、赣关、南新五关铜斤；而自康熙四十三年开始与苏州织造李煦轮番兼任巡视两淮盐课监察御史。

除了上述工作，曹寅在江宁织造任上，还有结交江南士人、督导文化的职责。曹寅本身有深厚的文化教养，好文艺，喜藏书，精通诗词、戏曲和书法，有《楝亭诗钞》《楝亭词钞》等传世。因曹玺与舅氏顾景星的关系，曹寅在京之时即与当世文人名士多有接触，特别是与朱彝尊、陈维崧交往密切。正是曹寅的特殊身份和文学才华，使其在江南还肩负了皇帝交付的监察士人与督导文化的任务。由此而成就的重大文化工程是校刊《全唐诗》及《佩文韵府》，尤其是《全唐诗》"得诗四万八千九百余首,凡二千二百余人"①,计九百卷的巨著,诚可谓玄烨、曹寅君臣相得的文治佳作,也为后人留下了一份珍贵的历史文献。

曹寅为皇帝耳目监察江南,最为重要的途径是专折奏事。专折奏事也称密折奏事,即在通政司外,皇帝特许另行与其一对一的信息渠道,特许之人用密折直接向皇帝奏报公私事情。密折由密报人亲自调查,亲笔书写,然后装入特制密匣上锁,由密报人自派亲信送抵京城,通过南书房送达皇帝手中,皇帝亲阅亲批。密匣钥匙两把,分别由密报人和皇帝掌握。此制度行于康雍两朝,至世宗胤禛驾崩,密折奏事制度才被废用。

曹家作为内务府包衣钦差,外派当地,也自然充当了地方密报人的角色。皇帝要求凡地方大小事皆可"密密奏闻",倘有疑难之事,也可以密折请旨。现在留存的曹玺、曹寅、曹颙、曹頫以及李煦的专折,内容涉及面很广,凡属江南的吏治民情、舆论动向、官员行迹、治安状况,乃至米价跌涨、雨水墒情、收成丰歉,等等,几乎无所不包。

因为曹家的特殊身份以及曹寅与玄烨的特殊关系,玄烨六次南巡,曹寅四次主持接驾。康熙四十三年(1704)曹寅因捐修宝塔湾行宫,接驾"勤劳诚敬",特加通政使司通政使职衔。

表面上看起来曹家风光无两,似有鲜花着锦、烈火烹油之势,但暗中实实埋下了曹家衰败的祸根。通过《楝亭集》的诗文,我们可

---

① 严羽著,胡才甫笺注:《沧浪诗话笺注》,浙江古籍出版社2015年版,第182页。

以看到曹寅内心巨大的矛盾与挣扎,强烈的忧患与不安。内务府包衣是特殊历史时期出现的特殊人群,曹寅是其典型代表:是汉族,却是旗人;是官员,更是奴隶。他活得风光而凄苦,体面而卑微,但若论曹寅本色,实是一介文士,而这却只能更加加重他的痛苦,眼前繁华难掩心中欲说还休的凄怆与悲凉。

康熙五十一年(1712)七月曹寅病危,玄烨特命快马送药抢救。药未至,曹寅已逝,留下近三十万两白银的公款亏空。

四

清圣祖康熙皇帝在位期间共有六次南巡,其中五次驻跸江宁织造署,曹寅接驾四次。除了玄烨与曹家的特殊关系外,还有一个更为重要的原因:江宁织造是内务府的附属机构,内务府是管理皇家事务的专设衙门,而江南三织造名为钦差,实为皇商,根本上则不过是皇帝家奴而已。《总管内务府现行则例》规定:"织造系钦差之员,与地方官虽无统属,论其体制,不特地方交涉事件,各官不得牵制,即平时往来文移,亦不容以貌视。"①

皇帝出游,不论巡视河工、观民察吏,还是阅兵祭陵、游赏山水,都一律要做出天恩浩荡、爱惜生民的姿态。康熙二十三年(1684)玄烨第一次南巡,九月二十日谕,此次出巡"正欲体察民

---

① 沈阳师范学院中文系编:《曹雪芹生平家世资料专辑》,内部资料,1979年,第4页。

情，周知吏治。一应沿途供用，皆令在京所司储备，毫不取之民间"，"朕此番巡历，原以抚恤编氓，问俗观风，于闾阎休戚，务期洞晓。凡经过地方，百姓须各安生业，照常宁处，毋得迁移远避，反滋扰累"。① 所以玄烨一定要曹寅接驾，也是昭告天下：我出来玩，花自己的钱，住自己奴才家里，不扰累百姓。

那么康熙帝六次南巡，真实的情形又如何呢？

康熙二十三年（1684）十一月玄烨第一次南巡，其时距曹玺去世不到半年，曹寅尚未正式出任江宁织造。玄烨至上元，驻江宁将军衙门，并亲至曹家抚慰。

康熙二十八年（1689），上谕吏、户、兵、工部，因治河事宜"应修应塞议论纷纭"②，皇帝决定再次南巡，亲作勘察。《康熙起居注》"二十八年己巳二月"："二十五日抵江宁，以吉祥街桑格织造署为行宫。二十六日，往明太祖陵祭奠。"③ 三月还京。

康熙三十八年（1699）四月十日，玄烨第三次南巡至上元，以江宁织造府为行宫，曹家第一次接驾。据冯景《解春集文钞·御书萱瑞堂记》：

康熙己卯夏四月，皇帝南巡回驭，止跸于江宁织造臣曹寅之府；

---

① 南炳文、白新良主编，姜胜利撰：《清史纪事本末》（第3卷 康熙朝），上海大学出版社2006年版，第778页。
② 南炳文、白新良主编，姜胜利撰：《清史纪事本末》（第3卷 康熙朝），上海大学出版社2006年版，第780页。
③ 南炳文、白新良主编，姜胜利撰：《清史纪事本末》（第3卷 康熙朝），上海大学出版社2006年版，第781页。

寅绍父官，实维亲臣、世臣，故奉其寿母孙氏朝谒。上见之，色喜，且劳之曰："此吾家老人也。"赏赉甚厚。会庭中萱花开，遂御书"萱瑞堂"三大字以赐。①

陈康祺《郎潜纪闻三笔》：

考史：大臣母高年召见者，或给扶，或赐币，或称老福，从无亲洒翰墨之事。曹氏母子，洵昌黎所云"上祥下瑞无休期"矣。②

尤侗、毛际可、邵长蘅等亦有诗文所记。后世索解《红楼梦》，多谓小说之"荣禧堂"者，即玄烨御笔之"萱瑞堂"也。鲁迅先生《小说旧闻钞》案云："案此与《红楼梦》无大关系，惟曹寅之母姓孙，又曾朝谒得厚赉，则为考雪芹家世者所未道及，故拈出之。"③

康熙四十二年（1703）二月二十六日，玄烨第四次南巡至上元。《圣祖仁皇帝实录》："四十二年癸未二月丙子朔，辛丑，是日上自京口由陆路临幸江宁府。上驻江宁府城内。癸卯，上自江宁回銮。"④ 根据《江宁织造曹寅奏谢钦点巡盐并请陛见折》（康熙四十三年七月二十九日）：

---

① 陈诏：《红楼梦小考》，上海书店出版社 1999 年版，第 7 页。
② 周汝昌：《红楼梦新证》（上），人民文学出版社 1976 年版，第 323 页。
③ 鲁迅先生纪念委员会编，鲁迅著：《鲁迅全集》第 10 卷，花城出版社 2021 年版，第 67 页。
④ 周汝昌：《红楼梦新证》（上），人民文学出版社 1976 年版，第 331 页。

江宁织造郎中臣曹寅谨奏：恭请圣安。

臣寅蒙皇上天恩，生全造就，虽捐糜难酬万一。去年奉旨著与李煦轮管盐务，今又蒙钦点臣寅本年巡视两淮。臣寅闻命自天，惶悚无地，谨北向顶香九叩谢恩讫。……谨具折上奏，伏乞睿鉴施行。臣寅无任顶戴悚息激切屏营之至。

朱批：

朕体安善，尔不必来。明春朕欲南方走走，未定。倘有疑难之事，可以密折请旨。凡奏折不可令人写，但有风声，关系匪浅。小心！小心！小心！小心！①

是年，曹寅与李煦始奉旨轮管盐务。次年，钦点曹寅为巡视两淮盐务监察御史。

康熙四十四年（1705），玄烨第五次南巡至上元，以江宁织造府为行宫。曹寅奉旨刻《全唐诗》。汪康年《振绮堂丛书·圣祖五幸江南全录》：

四月二十二日：至五刻由西华门进织造府行宫驻跸……又织造曹进宴毕……又织造进献樱桃，皇上大悦云：朕要进过皇太后，朕才

---

① 故宫博物院明清档案部编：《关于江宁织造曹家档案史料》，中华书局1975年版，第22—23页。

用。上即差官进京，限二十四个时辰到宫。进宴演戏。

二十四日：皇上同皇太子宫眷俱往织造机房内看匠人织机毕……织造进宴演戏……

二十五日：各官晚朝，织造府进宴演戏……

二十六日：至碑亭巷，有一百零二岁张姓妇人一名，带八十岁、七十岁儿子二人接驾……

闰四月初七日：皇上自扬州行宫上船回銮，行至宝应五里庵驻跸。皇上因江苏织造预备行宫勤劳诚敬，江南织造府曹加授通政使司，苏州织造府李加授光禄寺卿，二位谢恩先回。①

康熙四十六年（1707）三月六日，玄烨第六次南巡至江宁，仍以江宁织造府为行宫。《圣祖仁皇帝实录》：

康熙四十六年丁亥春二月甲申朔，丙申，御舟泊滕县新庄桥地方，江宁将军诸满……江宁织造曹寅、苏州织造李煦、杭州织造孙文成……来朝。三月甲寅朔，己未，上驻江宁府城内。甲子，上自江宁登舟启行。②

玄烨六次南巡，耗费巨大。时人张符骧《竹西词》有云："三汊

---

① 转引自黄泳、范金民《康熙帝第五次南巡实录——佚名〈圣驾五幸江南恭录〉》，载唐力行主编《江南社会历史评论》第12期，商务印书馆2018年版。
② 周汝昌：《红楼梦新证》（上），人民文学出版社1976年版，第369页。

河干筑帝家,金钱滥用比泥沙。"①用《红楼梦》里话说:"把银子都花的淌海水似的。""别讲银子成了土泥,凭是世上所有的,没有不是堆山塞海的,'罪过可惜'四个字竟顾不得了。"然则钱从何来,何人筹办?——"欲奉宸游未乏人,两淮办事一盐臣。"②曹寅把织造、巡盐、榷关等国家垄断资源的巨额收益,都挪用来做接驾皇帝等事项的巨额开销。《红楼梦》虽然有点为皇帝开脱,"也不过是拿着皇帝家的银子往皇帝身上使罢了,谁家有那些钱买这个虚热闹去",但人人明白一毫一厘皆是民脂民膏,所谓"毫不取之民间",不过是骗人的鬼话。纵然玄烨真有爱民戒奢的真心,可是谁又真的敢慢待了皇帝,"天语丁宁空有约,民间不费一钱耳"③,也实在是刺骨的讥讽。

曹家随着生齿日繁,日用排场费用,本就铺张浪费之极,皇室中的腐败索贿如同雪上加霜,而接驾皇帝四次南巡的花费,使曹家彻底陷入帑银巨额亏空的烂账,积重难返,再也还不清。玄烨深明底里,一再提醒尽快填补亏空,对曹家也极尽庇护。曹寅病逝,玄烨乃命两淮巡盐御史为之填补亏空,又命其子曹颙继任江宁织造;颙死,又命将其弟曹荃(即曹宣)之子曹頫过继给曹寅承嗣继职。

织造与巡盐,虽然利益巨大,但积弊丛生,其实运作艰难。而曹家的儿孙,正如《红楼梦》里贾府的儿孙,"一代不如一代","安富尊荣者尽多,运筹谋画无一"。曹寅之后,曹家每况愈下。玄烨在

---

① 黄德进:《"三汊河干筑帝家,金钱滥用比泥沙"——关于塔湾行宫的营建与曹家的盛衰际遇》,《红楼梦学刊》1981年第4辑。
② 胡文彬:《红楼梦探微》,华艺出版社1997年版,第39页。
③ 周汝昌:《红楼梦新证》(上),人民文学出版社1976年版,第459页。

日，尚念旧情对曹家眷顾庇佑。玄烨驾崩，胤禛继位。在康熙朝九王夺嫡的斗争中，曹家与胤禛关系较疏，却与其对手关系更密，而胤禛本非宽厚恩慈之君，执政后又欲力匡康熙朝后期贪腐之弊。曹家实已内外交困，一朝天威震怒，抄家入狱都在顷刻之间。

五

康熙五十一年（1712）七月，曹寅在扬州因风寒而成疟疾，日渐沉重。十五日，苏州织造李煦赴扬州探视，曹寅请李煦代己上奏，并请皇帝赐药救治。十八日，李煦急奏曹寅病重代请赐药折。玄烨闻报，立赐治疟疾之药，并赐驿马星夜赶去，又在李煦奏折上朱批详说用药方法剂量，再四叮嘱。

玄烨批复的奏折，李煦在八月十八日才看到，遂于二十一日续奏颁赐药饵未到曹寅即已病故折，与曹寅之子连生叩谢天恩高厚。

玄烨赐曹寅救命之药，特命驰驿南回，限九日到扬州。但是驿马赐药未至扬州，曹寅于七月二十三日已逝。李煦已于当日奏请代管盐差一年以盐余偿曹寅亏欠折：

臣李煦跪奏：
江宁织造臣曹寅与臣煦俱蒙万岁特旨，十年轮视淮鹾。天恩高厚，亘古所无，臣等虽肝脑涂地，不能报答分毫。乃天心之仁爱有加，而臣子之福分浅薄。曹寅七月初一日感受风寒，辗转成疟，竟成不起之症，于七月二十三日辰时身故。当其伏枕哀鸣，惟以遽辞圣世,不克仰报天恩为恨。又向臣言江宁织造衙门历年亏欠钱粮九万余两;又两淮商欠钱粮,去年奉旨官商分认,曹寅亦应完二十三万两零,而无赀可赔,无产可变,身虽死而目未瞑。此皆曹寅临终之言。

臣思曹寅寡妻幼子,拆骨难偿,但钱粮重大,岂容茫无着落。今年十月十三日,臣满一年之差,轮该曹寅接任,臣今冒死叩求,伏望万岁特赐矜全,允臣煦代管盐差一年,以所得余银令伊子并其管事家人,使之逐项清楚,则钱粮既有归着,而曹寅复蒙恩全于身后,臣等子子孙孙永矢犬马之报效矣。伏乞慈鉴。臣煦可胜悚惶仰望之至。

玄烨朱批:

曹寅于尔同事一体,此所奏甚是。惟恐日久尔若变了,只为自己,即犬马不如矣!①

九月初四日,曹寅之子连生奏曹寅故后情形折。九月初六日,李煦又奏蒙准代管盐差一年偿还曹寅欠项折。十月十五日,内务府总管赫奕等奏请补放江宁织造折,开列名单之中并无曹家之人。而在此一个半月之前,也即曹寅死后一月余的八月二十七日,江西巡抚朗廷极即有奏请以曹寅之子曹颙仍为织造折。玄烨遂在内务府奏折上下旨:

---

① 故宫博物院明清档案部编:《关于江宁织造曹家档案史料》,中华书局1975年版,第99—100页。

曹寅在织造任上，该地之人都说他名声好，且自督抚以至百姓，也都奏请以其子补缺，曹寅在彼处居住年久，并已建置房屋，现在亦难迁移。此缺即以其子连生补放织造郎中。钦此。①

然而直到康熙五十二年（1713）内务府才重奏请补放连生为主事掌织造关防折，落实此事，而且最后的结果也没有按照玄烨本来的意愿将连生补放织造郎中，而仅仅是放连生为主事掌织造关防。

总管内务府谨奏：为遵旨议奏事。

康熙五十二年正月初五日，奏事治仪正傻子、员外郎双全传谕：曹寅前因勤劳，给予兼衔；今其子连生，虽补父缺，但可否即任父职，抑给主事之职？如何之处，尔内务府总管理应具奏请旨，著即议奏。钦此钦遵。

查曹寅系由广储司郎中补放织造郎中，后因勤劳，兼摄通政使司通政使衔。奉旨，曹寅前因勤劳兼衔，今连生虽补其父缺，可否即任父职？所谕甚是。因此，请放连生为主事，掌织造关防。为此，谨奏请旨。

内务府总管赫奕、署内务府总管·佐领马齐、署内务府总管·郎中海章，缮折交奏事治仪正傻子、员外郎双全转奏。

奉旨：依议。连生又名曹颙，此后著写曹颙。钦此。

---

① 沈阳师范学院中文系编：《曹雪芹生平家世资料专辑》，内部资料，1979 年，第 89 页。

内务府总管赫奕、署内务府总管马齐谕：交各该管施行。①

曹颙即连生，至此方敢用其学名。在以主事掌江宁织造关防任上，曹颙应该还算谨勤。而李煦代理盐差一年，也把所得余银与曹颙将江宁织造亏空帑银补讫。然而，李煦、曹寅管理两淮盐课十年所留下的更巨大亏空又显露出来。康熙五十三年（1714）七月，李煦继续奏请再派盐差以补亏空，玄烨未允。八月，改派李陈常巡视盐差，曹寅、李煦逐年亏欠钱粮一百八十余万两，着李陈常以盈余清补。

玄烨对曹颙本来抱有很大的期望，然而仅仅两年，曹颙也死在江宁织造主事任上。康熙五十四年（1715）正月十二日，内务府奏请将曹𫖯给曹寅之妻为嗣并补江宁织造折，有玄烨旨谕：

曹颙系朕眼看自幼长成，此子甚可惜。朕所使用之包衣子嗣中，尚无一人如他者。看起来生长的也魁梧，拿起笔来也能写作，是个文武全才之人。他在织造上很谨慎。朕对他曾寄予很大的希望。他的祖、父，先前也很勤劳。现在倘若迁移他的家产，将致破毁。李煦现在此地，著内务府总管去问李煦，务必在曹荃之诸子中，找到能奉养曹颙之母如同生母之人才好。他们弟兄原也不和，倘若使不和者去做其子，反而不好。汝等对此，应详细考查选择。钦此。②

---

① 故宫博物院明清档案部编：《关于江宁织造曹家档案史料》，中华书局1975年版，第110页。
② 故宫博物院明清档案部编：《关于江宁织造曹家档案史料》，中华书局1975年版，第125—126页。

最终议定将曹寅之弟曹荃第四子曹頫过继曹寅为嗣子,仍给主事职衔,继任江宁织造,并奉养寡母、寡嫂。

相较于曹颙,曹頫一则年轻老实,二来可能也确实才干不足,与老皇帝的联系似乎也不够亲密,以至于玄烨屡次在批复曹頫奏折时表述不满:

你家中大小事为何不奏闻。(康熙五十四年七月)

尔虽无知小孩,但所关非细,念尔父出力年久,故特恩至此。虽不管地方之事,亦可以所闻大小事,照尔父密密奏闻,是与非朕自有洞鉴。就是笑话也罢,叫老主子笑笑也好。(康熙五十七年六月)

近来你家差事甚多,如瓷器珐琅之类,先还有旨意件数,到京之后,送至御前览完,才烧珐琅。今不知骗了多少瓷器,朕总不知。已后非上传旨意,尔即当密折内声名奏闻,倘瞒着不奏,后来事发,恐尔当不起。一体得罪,悔之莫及也。即有别样差事,亦是如此。(康熙五十九年二月)①

康熙六十一年(1722)十月,内务府以李煦、曹頫拖欠售卖人参银两,奏请"严令彼等在年前即行送交,倘再推延不交,应即奏请将李煦、曹頫严加议处",奉旨"依议"。

十一月十三日,玄烨卒于畅春园,皇四子胤禛即位,改元雍正,

---

① 故宫博物院明清档案部编:《关于江宁织造曹家档案史料》,中华书局1975年版,第131页、第149页、第153页。

是为清世宗。曹頫将面临更严峻的命运考验,而实际上曹家的命运也再无回升之机。

六

胤禛即位后,大力清补钱粮,严惩贪官庸吏。胤禛甫一执政,即于当年十二月十三日谕:

> 各省督抚将所属钱粮严行稽查,凡有亏空,无论已经参出及未经参出者,三年之内务期如数补足,毋得苛派民间,毋得借端遮饰,如限满不完,定行从重治罪。三年补完之后,若再有亏空者,决不宽贷。①

雍正元年(1723)正月初五日,胤禛首先拿李煦开刀:"……理应将李煦立即拿获,严加治罪,惟伊为皇父有稍尽力之处,且已年迈,将此交内务府总管大臣议罪可也。"②江南三织造本同一体,江宁织造曹家、苏州织造李家、杭州织造孙家本来作为玄烨在江南的特派心腹,共同担负着皇帝赋予的特殊使命,而且三家交往多年,联络又亲,正如《红楼梦》中四大家族,一荣俱荣,一损俱损,而李煦与曹家关系更是密切。

---

① 南炳文、白新良主编,乔治忠撰:《清史纪事本末》(第4卷 雍正朝),上海大学出版社2006年版,第1091页。
② 转引自冯其庸《曹雪芹家世新考》,《冯其庸文集》卷14,青岛出版社2013年版,第428页。

李煦长曹寅三岁,与曹家同为正白旗包衣旗鼓佐领下包衣汉人。康熙十三年(1674)授中书舍人,十七年擢韶州知府,二十三年调宁波知府,二十七年去宁波知府任,奉召还京,入内务府,充畅春苑总管。从康熙三十一年开始连任苏州织造三十余年。其间从康熙四十三年起又与曹寅轮番兼任巡视两淮盐课监察御史,至五十六年,凡八任。康熙三十八年至四十六年,四次参与玄烨南巡的接驾。李煦之堂妹为曹寅之妻,故李曹之间公私会同、往来馈赠,关系异常亲密。前文已述,康熙五十一年,曹寅在扬州病危,李煦急向玄烨报告,请求赐药抢救。曹寅去世后,李煦顺承玄烨旨意,请求代理盐差,填补亏欠,同时扶持曹寅之子曹颙继任江宁织造。康熙五十三年底,曹颙病故,李煦又承玄烨之命访查曹荃诸子中谁可承嗣,最后确定曹𫖯过继给曹寅之妻,并继任江宁织造。李煦实际上成为曹颙、曹𫖯的保护人。在胤禛初登基的康熙六十一年冬天,李煦已卸任苏州织造。刚转过年,李煦即被问罪抄家。

雍正元年(1723)正月初十日,内务府衙门奏称:

李煦因奏请欲替王修德等挖参,而废其官、革其织造之职,请咨行该地巡抚等严查其所欠钱粮,将李煦之子并办理家务产业之所有在案家人,以及李煦衙门之亲信人等俱行逮捕,查明其家产、店铺、放债银两,由该巡抚及地方官汇总另奏等因具奏。

朱批：

著将交付该巡抚及地方官之事交付总督查弼纳，其在京之产业著内务府大臣等查抄，其他各项著依议。①

五月二十六日，江南总督查弼纳奏称：

为遵旨事。查抄李煦家产，查出李煦奏折送来后，臣查得有圣祖皇帝朱笔谕旨一件，已奉朱批折四百零六件，未奉朱批折一百九十三件。……今李煦之家产业已查明，一应物件俱已封存。②

六月十四日，总管内务府事务和硕庄亲王允禄、内务府大臣来保等面奏：

据总督查弼纳奏折内称：李煦亏空银三十八万两，查过其家产，估银十万九千二百三十二两余，京城家产估银一万九千二百四十五两余，共十二万八千四百七十七两余。以上抵补外，尚亏空二十五万一千五百二十三两余。③

---

① 任世铎、张书才：《新发现的查抄李煦家产折单》，《历史档案》1981 年第 2 期。
② 任世铎、张书才：《新发现的查抄李煦家产折单》，《历史档案》1981 年第 2 期。
③ 故宫博物院明清档案部编：《关于江宁织造曹家档案史料》，中华书局 1975 年版，第 205 页。

与曹家唇齿相依的李家已经土崩瓦解，山雨欲来，大厦将倾。而曹頫持家主事的曹家又将如何应对呢？

从历史档案中我们无从得知曹家上下面对李家被抄的心态，但《红楼梦》却给我们提供了更为形象的参考。小说第七十四回"惑奸谗抄检大观园"，借探春之口说出甄家被抄，至第七十五回"开夜宴异兆发悲音"开篇便说及"甄家获罪，如今抄没了家产，回京治罪"，行文之间又隐隐透露出甄家将部分财产转移到贾家。而此时的贾府，一家男女老少，除了一个贾探春外似乎皆无忧患之心，而家族内部的"自杀自灭"反而愈演愈烈：各房之间、主奴之间的明争暗斗，抄检大观园；身为族长的贾珍还在聚酒赌博，娈童淫乐……连列祖列宗的在天之灵都忍不住一声长叹。对照影写曹家的红楼故事，我们似乎可以粗暴地回答刚才的问题，那就是：没有应对，继续作死。

接下来，胤禛对曹頫更为严厉地一再训斥，也印证着我们的推测。雍正二年（1724）正月初七日，曹頫奏谢准允将织造补库分三年带完折，朱批："只要心口相应，若果能如此，大造化人了！"[①] 五月初六日，曹頫奏江南蝗灾情形并报米价折，朱批："据实奏，凡事有一点欺隐作用，是你自己寻罪，不与朕相干。"而本年度曹頫的请安折，胤禛朱批回复言辞更为激烈：

> 朕安。你是奉旨交与怡亲王传奏你的事的，诸事听王子教导而

---

① 故宫博物院明清档案部编：《关于江宁织造曹家档案史料》，中华书局1975年版，第157页。

行。你若自己不为非,诸事王子照看得你来;你若作不法,凭谁不能与你作福。不要乱跑门路,瞎费心思力量买祸受。除怡王之外,竟可不用再求一人拖累自己。为什么不拣省事有益的做,做费事有害的事?因你们向来混帐风俗惯了,恐人指称朕意撞你,若不懂不解,错会朕意,故特谕你。若有人恐吓诈你,不妨你就求问怡亲王,况王子甚疼怜你,所以朕将你交与王子。主意要拿定,少乱一点。坏朕声名,朕就要重重处分,王子也救你不下了,特谕。①

雍正三年(1725),内务府奏停止曹頫等承造马鞍、撒袋等饰件,改由广储司铸造。雍正四年正月十七日,胤祯因织造所进丝绸质量问题传旨查处:"缎库之绸薄而丝生,即如外边所售者,此系何处织造所进,着交内务府总管查奏。再,新织造之缎粗糙而分量轻,亦着交内务府总管,将不好及分量轻者挑出,杳明系何处所织具奏。"②

经内务府调查这批有问题的绸缎乃杭州织造孙文成所造送。三月初十,内务府总管允禄等题孙文成、曹頫等织造绸缎轻薄议处本:"臣等将现在库内所存,自雍正元年以来送进之新绸,秤量挑选。……又查看由三处织造送进之新缎……皆甚粗糙轻薄,而比早年织进者已大为不如。"③

---

① 故宫博物院明清档案部编:《关于江宁织造曹家档案史料》,中华书局1975年版,第165页。
② 故宫博物院明清档案部编:《关于江宁织造曹家档案史料》,中华书局1975年版,第174页。
③ 故宫博物院明清档案部编:《关于江宁织造曹家档案史料》,中华书局1975年版,第174页。

自雍正元年（1723）以来所送进之绸缎，质量大不如前，这岂不是火上浇油，胤禛的不满可想而知。孙文成、曹頫等被罚俸一年。

雍正五年正月，《两淮盐政噶尔泰为访得扬州知府吕大云及曹頫等人居官情形事奏折》：

访得曹頫年少无才。
朱批：原不是一个东西。
人畏缩，织造事务俱交与管家丁汉臣料理。奴才在京见过数次，人亦平常。
朱批：岂止平常。①

雍正五年（1727）闰三月二十九日，皇帝所穿石青褂居然落色，胤禛令内务府严查。六月二十四日，内务府奏皇上服用褂面系江宁织造所送。随即曹頫等再被罚俸一年。

玄烨在日，虽也责备曹頫，但颇有恨铁不成钢之意，其实多有回护之情，并已在康熙六十年（1721）将曹頫由主事擢升为员外郎。而胤禛之于曹頫，全无好感，奏折批复中厌恶之情，已全然溢于言表。

更为可怕的是，已被抄家问罪的李煦又被查出曾经为胤禛的政敌"阿其那"（胤禩）买女子送银两，"经济问题"变成了"政治问题"，李煦以"阿其那"奸党议罪斩监候，奉旨宽免处斩，遂以古稀之龄被流放打牲乌拉（今吉林市西北），两年后即客死他乡。

---

① 转引自张书才《曹雪芹家世生平探源》，白山出版社2009年版，第106页。

李煦"奸党"问题虽然还没有直接牵涉曹家,但曹頫的噩运依然继续。

雍正五年(1721)十二月初,三处织造被劾严审。先是山东巡抚塞楞额奏:杭州等三处织造运送龙衣,经过长清县等处,于勘合外,多索夫马、程仪、骡价等项银两,请旨禁革。初四日谕旨:"朕屡降谕旨,不许钦差官员、人役骚扰驿递。……织造差员现在京师,着内务府、吏部,将塞楞额所奏各项,严审定拟具奏。"① 曹頫已在劫难逃。

十天后,江宁织造曹頫被撤职。二十天后,上谕江南总督范时绎查抄曹家,正是本章开始的一幕。

七

对于曹頫获罪的原因,官方文书直接给出的具体有三项,可以概括为:骚扰驿站、亏空帑银、转移家产。骚扰驿站是直接起因,亏空帑银由来已久,转移家产似无实据。

学术界对此主要有两种看法:一种认为主要是政治原因,因玄烨去世,胤禛夺取了政权,曹家失去靠山,故势必败亡,这是根本性的潜在的原因,其抄家时所列种种罪状,则是外在的表面的原因;另一种看法,认为曹家被抄,纯属经济原因,与政治无关。

---

① 因本年度五月二十二日,胤禛曾下旨谕:"本年系高斌回京之年……高斌著不必回京,仍着曹頫将其应进缎疋送来。钦此。"据此曹頫或是此次三处织造运送龙衣回京负责之人。

由后来曹家被抄后房地产及家人情形与真正定罪的名目来看，只有骚扰驿站是曹频真正背负的。那么骚扰驿站是不是很严重的罪行呢？确实很严重。早在康熙朝政府就有明确规定：凡骚扰驿站官员人役，"核查情实，将本官革职，其领催、差官等交刑部治罪"①。胤禛即位后，更是强调："驿站关系重大，经朕屡加严谕，然其间积弊，难以尽诘。有在官之累，有在民之累。"②曹频因之被革职、抄家、枷号、追赔，而如此严处，似乎还是重了些，因骚扰驿站被罚赔之银也不过才四百四十三两二钱。③

所以细究起来，曹频获罪的根由，应该是既有经济原因，又有政治原因。经济原因，亏空帑银是事实，但主要责任不在曹频。政治原因，曹家与胤禛从前的政敌废太子胤礽、"八王党"主要成员都关系匪浅，曹、李两家并非有没有政治忧患，只是他们押错了宝，他们有意无意结交了他们认为所有可能即位为君的人，唯独没有交好胤禛，但偏偏就是胤禛嗣位登基。此外，曹频也确实缺乏政治才干，似乎有点像《红楼梦》中的贾政（官职也同为员外郎），江宁织造的事务都交由管家处理，本职工作屡出差错，实在不受胤禛待见，骚扰驿站事

---

① 转引自张书才《曹雪芹家世生平探源》，白山出版社2009年版，第49页。
② 黄彭年编：《畿辅通志》（第1册 帝制纪诏谕），河北人民出版社1989年版，第55页。
③ 骚扰驿站确实是很严重的罪行，康、雍、乾三朝都一再严申。但对于江南三织造为皇帝运送龙衣绸缎，可能一直都是如此，正是胤禛所指斥的——"因你们向来混账惯了"，而康熙朝尤其是玄烨晚年主张慎刑宽法，恩恤示人，从未严加处理。至胤禛执政，深恨贪腐与庸吏，故一改从前而严刑峻法以待，曹频撞在了枪口上。所以胤禛不待见曹频是真，而曹频也是咎由自取。其后雍正、乾隆两朝，因为骚扰驿站获重罪的案件还有多起。

件成为压垮骆驼的最后一块"石头"。

在胤祯看来,曹頫是不堪用、不听话、不感恩,但是曹家几代人为主子奔走做事的功劳,胤祯自不会全然不知。曹家被抄后,"封其家赀,止银数两、钱数千,质票值千金而已。上闻之恻然!"①。所以雍正六年(1728)二月隋赫德接任江宁织造后,奏细查曹頫房地产及家人情形,胤祯虽然将曹頫所有田产、房屋、人口等项,都赏赐给隋赫德,但终究网开一面,恩谕给曹頫家属少留在京房屋以资养赡。

即使到了雍正六年七月初三日,隋赫德查到曹頫在江宁织造衙门左侧万寿庵内为"塞思黑"(胤禩)寄顿镀金狮子,也并没有再加重对曹家的惩处。七月二十九日,刑部为知照曹頫获罪抄没缘由业经转行事致内务府移会文件中,对曹頫的定罪依然只是骚扰驿站,"现今枷号",对曹家的恩谕未变,而且更为明确注明,"于京城崇文门外蒜市口地方房十七间半,家仆三对,给与曹寅之妻孀妇度命"。对比李煦的境遇,曹頫还称得上幸运。②

雍正六年三月到六月间,曹家结束在江南一个甲子的繁华,戴罪回京。按照胤祯的恩谕,一家老小必然住在崇文门外蒜市口地方十七间半的房子。而曹頫因为骚扰山东驿站的案子,判赔银四百四十三两二钱,由内务府负责催讨,并将其枷号示众。接下来的日子,胤祯似乎没有再过分为难曹家,但似乎也没有打算很容易就放过曹頫。曹頫最后出现官方文献之中,是雍正十三年(1735)十月二十一日内务

---

① 萧奭撰,朱南铣点校:《永宪录》(续编),中华书局1997年版,第390页。
② 康熙朝江南三织造中,杭州织造孙文成结局最好,雍正五年(1727)十二月十五日,胤祯谕著隋赫德接管江宁织造时,同时也以孙文成年已老迈,予以罢免。

府奏将应予宽免欠项人员缮单请旨折中，此年八月二十三日，胤禩已崩，降旨宽免曹頫骚扰驿站案所欠银的，是即位的乾隆皇帝清高宗弘历。然而直到此时，曹頫还欠银三百二两二钱，也就是说从雍正六年到雍正十三年将近八年的时间，曹家共还银一百四十一两，平均每年还银不到二十两。曹家败落得是如此的彻底，追忆昔年的繁华和用银似流水的豪富，真是不免让人感叹人世的吊诡。

然而让我们不免疑惑的是，曹家曹寅一支虽然一败涂地，但是其弟曹荃一支、堂弟曹宜一支依然受到任用。雍正六年（1728）十二月二十七日，春节将至，曹顺受到皇帝赐"福"字的恩赏，曹顺时任旗鼓佐领；雍正七年，曹宜任佐领下护军校，十一年补放护军参领。曹宜为曹玺之弟曹尔正（曹鼎）之子，曹頫堂叔；曹顺为曹荃第三子，因曹頫乃是曹荃第四子过继曹寅为嗣，曹顺实为曹頫同父同母的兄弟。区区四百两银子，对他们来说，应该不至于太艰难。

此外，曹家还有一门贵胄亲戚。据《永宪录续编》"曹寅事"有云："二女皆为王妃。"① 曹寅次女之所嫁，目前所发现之文献，尚难考定。但其长女于康熙四十五年（1706）由玄烨指婚，嫁多罗平郡王讷尔苏，为嫡福晋，称曹佳氏，生子四：福彭，袭平郡王；福秀，三等侍卫；福靖，奉国将军，三等侍卫；福端，幼卒。讷尔苏虽然在雍正四年（1726）被革爵圈禁，但其子福彭仍然袭爵，并于雍正十年，任镶蓝旗满洲都统，授宗人府右宗正之职；十一年，充玉牒馆总

---

① 朱一玄编：《中国古典小说名著资料丛刊〈红楼梦〉资料汇编》，南开大学出版社2012年版，第29页。

裁，又命军机处行走，授定边大将军。而曹𬱖枷号期间，老平郡王讷尔苏与隋赫德的一桩公案更是意味深长。

雍正十年（1732），接任江宁织造并全盘接收曹家财产的隋赫德被革职回京，回京时，将扬州原曹家的房地卖银五千余两。隋赫德回京后，竟被已经革爵的讷尔苏以借银为名勒去三千八百两。雍正十一年十月事发，讷尔苏好像没有什么事，而七十多岁的隋赫德却被以钻营罪发往北路军台效力。

以承祧曹寅而论，曹佳氏为曹𬱖长姐，讷尔苏为曹𬱖姐夫，索要隋赫德三五千两银子随口之事，代还三四百两银子有何难处。此中，人情冷暖、世态炎凉固或有之，但更重要的原因恐怕还是天威莫测，纵然心中有意可谁又敢触逆龙鳞呢。换言之，曹𬱖如偿完赔款，就可以回家了，然若胤禛就是想要曹𬱖一直枷号示众，那么又有谁敢替曹𬱖还钱呢。

曹家繁华落尽，再登场就是曹雪芹的燕市悲歌了。

八

刘梦溪在《红学》一书中提出了红学的三大死结：芹系谁子、脂砚何人、续作者谁。[①]

关于曹雪芹的身份，学界主要有两说：一说曹雪芹为曹𬱖之子，

---

① 《红学》再版后改名《红楼梦与百年中国》，参见刘梦溪《红楼梦与百年中国》，河北教育出版社1999年版，第418页。

一说为曹頫之子,但都承认为曹寅之孙。

前一说的主要依据是康熙五十四年(1715)三月初七日江宁织造曹頫代母陈情折内容:

> 江宁织造主事奴才曹頫谨奏:为皇仁浩荡,代母陈情,恭谢天恩事。
>
> 窃奴才母在江宁,伏蒙万岁天高地厚洪恩,将奴才承嗣袭职,保全家口。奴才母李氏闻命之下,感激痛哭,率领阖家老幼,望阙叩头。随于二月十六日赴京恭谢天恩,行至滁州地方,伏闻万岁谕旨,不必来京,奴才母谨遵旨仍回江宁。奴才之嫂马氏,因现怀妊孕已及七月,恐长途劳顿,未得北上奔丧,将求倘幸而生男,则奴才之兄嗣有在矣。本月初二日,奴才母具李煦前来传宣圣旨,奴才母跪聆之下,不胜感泣,搏颡流血,谨设香案,望北叩头谢恩。窃念奴才祖孙父子,世沐圣主豢养洪恩,涓埃未报。不幸父兄相继去世,又蒙万岁旷典奇恩,亘古未有。奴才母子虽粉身碎骨,莫能仰报高厚于万一也。
>
> 谨具折代母奏闻,恭谢天恩,伏乞圣鉴。奴才母子不胜激切感戴之至。
>
> (朱批:知道了)[1]

后一说的依据则主要是敦诚《四松堂集·挽曹雪芹(甲申)》诗云"四十年华付杳冥",据此倒推曹雪芹生年,从而断为曹頫。

---

[1] 朱一玄编:《中国古典小说名著资料丛刊〈红楼梦〉资料汇编》,南开大学出版社2012年版,第11—12页。

近年来，张书才又提出新说，认为曹雪芹为曹寅长子曹颜之遗腹子。①

"芹系谁子"，根据目前发现的材料，尚难定谳，但自20世纪初新红学考证派开创并发扬光大，经百年来众多红学家对曹雪芹家世生平文献史料及故事传说孜孜以求地发掘与整理，作为《红楼梦》作者的曹雪芹的形象轮廓逐渐"层累"丰富，他的居所动迁，他的举止行藏，他的性格特征，他的友朋交往，他的佚著旧作，他的传说逸闻……似乎都渐次走出历史的尘埃，呈现出一个多才多艺、耿介自尊、体恤劳苦的人道主义作家的形象。

（一）曹雪芹姓名字号

姓曹，名霑；字有雪芹、芹圃、梦阮等；号则有芹溪、芹溪居士、芹溪处士等。

《红楼梦》小说原文谓：曹雪芹批阅十载，增删五次。

《石头记》甲戌本畸笏叟批语："秦可卿淫丧天香楼，作者用史笔也。老朽因有魂托凤姐及贾家后事二件，的是安富尊荣坐享人能想得到处？其事虽未漏，其言其意则令人悲切感服，姑赦之，因命芹溪删去。"

敦敏《懋斋诗钞》载有与雪芹相会赋诗题文明其名姓："芹圃曹君霑别来已一载余矣，偶过明君琳养石轩，隔院闻高谈声，疑是曹

---

① 参见张书才《曹雪芹生父新考》，《红楼梦学刊》2008年第5辑。

君,急就相访,惊喜意外!因呼酒话旧事,感成长句。"①

敦诚《四松堂集》:《寄怀曹雪芹(霑)》《赠曹芹圃(雪芹)》。

张宜泉《春柳堂诗稿》:《怀曹芹溪》《题芹溪居士(姓曹名霑字梦阮,号芹溪居士,其人工诗善画)》

永忠《延芬室稿》:《因墨香得观〈红楼梦〉小说,吊雪芹三绝句,姓曹》。

明义《绿烟琐窗集》之《题红楼梦》,诗题注曰:"曹子雪芹出所撰《红楼梦》一部……"②

(二)曹雪芹容貌言行

《红楼梦》:"一日,正当嗟悼之际,俄见一僧一道远远而来,生得骨骼不凡,丰神迥异,说说笑笑来至峰下,坐于石边高谈快论。脂砚斋批语:'作者自己形容。'"

裕瑞《枣窗闲笔》:"其人身胖头广而色黑,善谈吐,风雅游戏,触境生春闻其奇谈娓娓然,令人终日不倦,是以其书绝妙尽致。……又闻其尝作戏语云:'若有人欲快睹我书,不难,惟日以南酒烧鸭享我,我即为之作书'云。"③

敦诚《挽曹雪芹》诗初稿有句"四十萧然太瘦生",其《四松

---

① 爱新觉罗·敦敏等:《懋斋诗钞 四松堂集》,上海古籍出版社1984年版,第37—38页。
② 朱一玄编:《中国古典小说名著资料丛刊〈红楼梦〉资料汇编》,南开大学出版社2012年版,第25页。
③ 富察明义、爱新觉罗·裕瑞:《绿烟琐窗集 枣窗闲笔》,上海古籍出版社1984年版,第175—180页。

堂集》种更有多处叙及雪芹性情言止者。《寄怀曹雪芹（霑）》"劝君莫弹食客铗，劝君莫扣富儿门，残杯冷炙有德色，不如著书黄叶村。""接䍦倒著容君傲，高谈雄辩虱手扪。"①《佩刀质酒饮》"秋晓遇雪芹于槐园，风雨淋涔，朝寒袭袷。时主人未出，雪芹酒渴如狂。余因解佩刀沽酒而饮之。雪芹欢甚，作长歌以谢余，余亦作此答之。"《赠曹芹圃（雪芹）》"满径蓬蒿老不华，举家食粥酒常赊。衡门僻巷愁今雨，废馆颓楼梦旧家。司业青钱留客醉，步兵白眼向人斜。阿谁买与猪肝食，日望西山餐暮霞。"

敦敏《懋斋诗钞》："可知野鹤在鸡群，隔院惊呼意倍殷。""燕市哭歌悲遇合，秦淮风月忆繁华。新仇旧恨知多少，一醉酕醄白眼斜。""雅识我惭褚太傅，高谈君是孟参军。"

张宜泉《春柳堂诗稿》之《题芹溪居士（姓曹名霑字梦阮，号芹溪居士，其人工诗善画）》："羹调未羡青莲宠，苑召难忘立本羞。"

张宜泉《春柳堂诗稿·伤芹溪居士》："其人素性放达，好饮，又善诗画。"

（三）曹雪芹诗画之才

敦诚《鹪鹩庵杂志》："余昔为白香山《琵琶行》传奇一折，诸君题跋，不下几十家。曹雪芹诗末云'白傅诗灵应喜甚，定教蛮素鬼排场'亦新奇可诵。曹平生为诗大类如此，竟坎坷以终，余挽诗有

---

① 本小节所引二敦及张宜泉诗文皆据朱一玄编《中国古典小说名著资料丛刊〈红楼梦〉资料汇编》，南开大学出版社2012年版。不赘注。

'牛鬼遗文悲李贺,鹿车荷锸葬刘伶'之句,亦驴鸣吊之意也。"①

敦诚《四松堂集·寄怀曹雪芹(霑)》:"爱君诗笔有奇气,直追昌谷破篱樊。"②

敦敏《懋斋诗钞·小诗代简寄曹雪芹》:"诗才忆曹植,酒盏愧陈遵。"

《懋斋诗钞·河干集饮题壁兼吊雪芹》:"逝水不留诗客杳,登楼空忆酒徒非。"

张宜泉《春柳堂诗稿·怀曹芹溪》:"似历三秋阔,同君一别时。怀人空有梦,见面尚无期。扫径张筵久,封书畀雁迟。何当常聚会,促膝话新诗。"

《春柳堂诗稿·和曹雪芹西郊信步憩废寺原韵》:"君诗曾未等闲吟,破刹今游寄兴深。碑暗定知含雨色,墙陦可见补云阴。蝉鸣荒径遥相唤,蛩唱空厨近自寻。寂寞西郊人到罕,有谁曳杖过烟林。"

《春柳堂诗稿·题芹溪居士(其人素性放达,好饮,又善诗画)》:"爱将笔墨逞风流,庐结西郊别样幽。门外山川供绘画,堂前花鸟入吟讴。羹调未羡青莲宠,苑召难忘立本羞。借问古来谁得似,野心应被白云留。"

永忠《延芬室稿·因墨香得观〈红楼梦〉小说,吊雪芹三绝句,姓曹》:"三寸柔毫能写尽,欲呼才鬼一中之"。

敦敏《懋斋诗钞·题芹圃画石》:"傲骨如君世已奇,嶙峋更见

---

① 敦诚:《四松堂集付刻底本》卷五,北京图书馆出版社影印本,2006年。
② 本小节所引二敦、张宜泉及永忠诗文皆据《红楼梦大辞典》,不赘注。

此支离。醉余奋扫如椽笔,写出胸中块垒时。"

《懋斋诗抄·赠芹圃》:"寻诗人去留僧舍,卖画钱来付酒家。"

张宜泉《春柳堂诗稿·伤芹溪居士》:"北风图冷魂难返,白雪歌残梦正长。"

贵州省博物馆藏所谓《种芹人曹霑并题》,此册共收设色写意画八幅,内容依序为芜菁、芋头、残荷、茄子、秋海棠、东陵瓜、渔父与鸬鹚、峭石与灵芝。

传敦敏所作之《瓶湖懋斋记盛》:"爱思鉴别字画,当推芹圃。"①

(四)曹雪芹之职②

曹士琦修《五庆堂辽东曹氏宗谱》:"十四世:天祐,颙子官州同。"

乾隆九年(1744)修《八旗满洲氏族通谱·尼堪姓氏》:"曹天祐,现任州同。"

梁恭辰《劝戒四录》:"曹雪芹实有其人,然以老贡生槁死牖下"。

邓之诚《古董琐记》:"雪芹名霑,以贡生终。"

叶德辉《书林清话》:"雪芹孝廉。"

盐谷温《中国小说史略》:"雪芹为举人。"

英浩《长白艺文志初稿》:"《红楼梦》,曹霑,曹字雪亭,内务

---

① 解放军报社编:《红楼梦研究资料》,内部资料,1975年,第710页。
② 本小节有关资料参见沈阳师范学院中文系编《曹雪芹生平家世资料专辑》,内部资料,1979年。

府汉军正白旗。"

槐隐文《立言画刊》:"雪芹官内务府笔帖式。"

吴恩裕《张永海香山传说》:"内廷侍卫。"

(五)曹雪芹之死

《石头记》甲戌本第一回眉批:"能解者方有辛酸之泪,哭成此书。壬午除夕,书未成,芹为泪尽而逝。余常哭芹,泪亦待尽。每思觅青埂峰再问石兄,奈不遇癞头和尚何!怅怅!今而后惟愿造化主再出一芹一脂,是书何幸,余二人亦大快遂心于九泉矣。甲午八(日)【月】泪笔。"①

敦诚《挽曹雪芹(二首)》②:

其一

四十萧然太瘦生,晓风昨日拂铭旌。肠回故垒孤儿泣(前数月,伊子殇,因感伤成疾),泪迸荒天寡妇声。牛鬼遗文悲李贺,鹿车荷锸葬刘伶。故人欲有生刍吊,何处招魂赋楚蘅?

其二

开箧犹存冰雪文,故交零落散如云。三年下第曾怜我,一病无医竟负君。邺下才人应有恨,山阳残笛不堪闻。他时瘦马西州路,宿

---

① 曹雪芹著,脂砚斋评,吴铭恩汇校:《红楼梦脂评汇校本》,清华大学出版社 2019 年版,第 8 页。
② 《挽曹雪芹(二首)》为敦诚挽诗初稿,原诗存其《鹪鹩庵杂志》,该书原为张次溪所藏,诗为周绍良、吴恩裕所抄录。后收录《四松堂集》刻本实为第一首之改稿,即《挽曹雪芹(甲申)》。本小节二敦及张宜泉诗文亦皆据《红楼梦大辞典》。

草寒烟对落曛。

敦诚《四松堂集·挽曹雪芹（甲申）》："四十年华付杳冥，哀旌一片阿谁铭？孤儿渺漠魂应逐（前数月，伊子殇，因感伤成疾），新妇飘零目岂瞑？牛鬼遗文悲李贺，鹿车荷锸葬刘伶。故人惟有青山泪，絮酒生刍上旧坰。"

敦敏《懋斋诗抄·河干集饮题壁兼吊雪芹》：

花明两岸柳霏微，到眼风光春欲归。逝水不留诗客杳，登楼空忆酒徒非。河干万木飘残雪，村落千家带远晖。凭吊无端频怅望，寒林萧寺暮鸦飞。

张宜泉《春柳堂诗稿·伤芹溪居士》：

其人素性放达，好饮，又善诗画，年未五旬而卒。

谢草池边晓露香，怀人不见泪成行。北风图冷魂难返，白雪歌残梦正长。

琴裹坏囊声漠漠，剑横破匣影铓铓。多情再问藏修地，翠叠青山晚照凉。

所谓"曹雪芹书箱"之芳卿《悼亡诗》："不怨糟糠怨杜康，乩诼玄羊重克伤。睹物思情理陈箧，停君待殓鬻嫁裳。织锦意深睥苏女,续书才浅愧班娘。谁识戏语终成谶,奄容何处葬刘郎。"①

康熙五十四年(1715)七月十六日《江宁织造曹頫覆奏家务家产折》:"通州典地六百亩,张家湾当铺一所。"后发现所谓"张家湾墓石",石上刻字:"曹公讳霑墓。壬午。"②

(六)曹雪芹佚文遗物

残诗尾联一句:"白傅诗灵应喜甚,定教蛮素鬼排场。"③

诗题一个《西郊信步憩废寺》,张宜泉次韵和之。

当有画石一幅,敦敏有《题曹雪芹画石》诗。

所谓"曹雪芹书箱"有楹联一副:"清香沁诗脾,花国第一芳。"五言题画诗一首:"并蒂花呈瑞,同心友谊真。一拳顽石下,时得露花新。拙笔题。"七言题画诗一首:"冷雨寒烟卧碧尘,秋田蔓底摘来新。披图空羡东门味,渴死许多烦热人。"又记:"为芳卿编织纹样所拟歌诀稿本。为芳卿所绘彩图稿本。芳卿自绘编锦纹样草图稿本之一。芳卿自绘编锦纹样草图稿本之二。芳卿自绘编锦纹样草图稿本。"④

---

① 吴恩裕:《考稗小记 曹雪芹红楼梦琐记》(增订本),北京联合出版公司2020年版,196页。
② 故宫博物院明清档案部编:《关于江宁织造曹家档案史料》,中华书局1975年版,第131—132页。
③ 敦诚:《四松堂集付刻底本卷五 鹪鹩庵杂志》,北京图书馆出版社影印本,2006年。
④ 吴恩裕:《考稗小记 曹雪芹红楼梦琐记》(增订本),北京联合出版公司2020年版,196页。

《废艺斋集稿》之《南鹞北鸢考工志》一篇，或谓曹氏风筝谱。①贵州博物馆藏《种芹人曹霑画册》，上有"曹霑""忆昔茜纱窗"印。②

九

我们对曹雪芹的最直接的认识，除了《红楼梦》小说文本，最主要是他的三位至交好友：敦敏、敦诚和张宜泉。

因为他们那诗文中留下的文字，我们才对曹雪芹有了更为清晰的认识。我们也再稍细致认识一下曹雪芹的这三位好友。

敦敏（1729—1796？），字子明，号懋斋。满州镶红旗宗室，努尔哈赤第十二子英王阿济格的五世孙，理事官瑚玘长子。曹雪芹好友。阿济格在清顺治七年（1650）因谋夺皇权被赐自尽，诸子废黜除宗室，其次子博勒赫（敦敏高祖）虽于康熙初年复还宗室，但子孙地位并不显贵。敦敏早年与其弟敦诚入右翼宗学读书。乾隆二十年（1755）一起参加宗学"岁试"，名列优等。乾隆二十二年曾在锦州做税官。乾隆三十一年，授右翼宗学副总管，乾隆四十年改授右翼宗学总管，乾隆四十八年因病告退。据考，敦敏在右翼宗学读书时结识曹雪芹，彼此交谊颇深。敦敏家住北京内城西南角太平湖畔的槐园，

---

① 具体参见吴恩裕《曹雪芹丛考》，上海古籍出版社1980年版，第二篇"南鹞北鸢考工志"的附录：敦敏《瓶湖懋斋记盛》残文校补"，第29—39页。
② 具体参见张惠《诗画相生：东陵瓜、阮籍诗与〈种芹人曹霑画册〉关系研究》，《曹雪芹研究》2021年第4期。

常邀诗友作文酒之会，曹雪芹亦常到槐园。敦敏所著《懋斋诗钞》中有些诗篇叙及他与曹雪芹的交往，亦可考稽曹雪芹的生平、为人。

敦诚（1734—1791），字敬亭，号松堂，别号慵闲子。满州镶红旗宗室。敦敏胞弟。曹雪芹好友。5岁入家塾。15岁进右翼宗学读书，22岁时与其兄敦敏一同参加宗学"岁试"，名列优等，以宗人府笔帖式记名。清乾隆二十二年（1757）受父命分榷松亭关，乾隆二十四年回京。乾隆三十一年补宗人府笔帖式，旋改太庙献爵。所居住的西园颇具名胜，母死之后即闭门不仕，以诗酒自娱。其诗在宗室诗人中有很高地位。四松堂为其与友人诗酒聚会之所。永蕙、永忠、复斋、寅圃、龚紫树、汪易堂等，皆为其诗友。据考，敦诚在右翼宗学读书时结识曹雪芹，交谊颇深。所著《四松堂集》《鹪鹩庵笔麈鹪鹩庵杂志》中有一些诗篇涉及他与曹雪芹的交往及曹雪芹的生平、为人。

张宜泉，曹雪芹好友。生卒年不详。汉军旗人。父母早丧，兄嫂不容，设馆课童自活。终生穷愁坎坷，而嗜吟好饮。其诗常能触及民生疾苦、社会不平，流露愤世疾俗、玩世不恭的情调，有些诗甚至直刺时政。曹雪芹移居北京西郊后，张宜泉与之过从甚密，彼此往来互访，饮酒赋诗，非常投契。张宜泉有《春柳堂诗稿》，其中一些诗篇涉及曹雪芹。

此外，早期对曹雪芹其人其书其言其行记述较为详细的就是裕瑞的《枣窗闲笔》：

《红楼梦》一书，曹雪芹虽有志于作百二十回，书未告成即逝矣。诸家所藏抄八十回书及八十回书后之目录，率大同小异者，盖因雪芹改《风月宝鉴》数次，始成此书，抄家各于其所改前后第几次者，分得不同，故今所藏诸稿本未能划一耳。此书由来非世间完物也，而伟元臆见，谓世间必当有全本者在，无处不留心搜求，遂有闻故生心思谋利者，伪续四十回，同原八十回抄成一部，用以贻人。伟元遂获赝鼎于鼓担，竟是百二十回全装者，不能鉴别燕石之假，谬称连城之珍，高鹗又从而刻之，致令《红楼梦》如《庄子》内外篇，真伪永难辨矣。不然即是明明伪续本，程高汇而刻之，作序声明原委，故捏造以欺人者。斯二端无处可考，但细审后四十回，断非与前一色笔墨者，其为补者无疑，作《后红楼梦》者遂出……多杀风景之处，故知雪芹万不出此下下也。

闻旧有《风月宝鉴》一书，又名《石头记》，不知为何人之笔，曹雪芹得之，以是书所传述者，与其家之事迹略同，因借题发挥，将此部删改至五次，愈出愈奇，乃以近时之人情谚语，夹写而润色之，借以抒其寄托。曾见抄本，卷额本有其叔脂砚斋之批语，引其当年事甚确，易其名曰《红楼梦》。此书自抄本起至刻续成部，前后三十余年，恒纸贵京都，雅俗共赏，遂浸淫增为诸续部六种，及传奇、盲词等等杂作，莫不依傍此书创始之善也。

雪芹二字，想系其字与号耳，其名不得知，曹姓，汉军人，亦不知其隶何旗。闻前辈姻戚有与之交好者，其人身胖头广而色黑，善谈吐，风雅游戏，触境生春闻其奇谈娓娓然，令人终日不倦，是以其书绝妙尽致。闻袁简斋家随园，前属隋家者，隋家前即曹家故址也，约在康熙年间。书中所称大观园，盖假托此园耳。其先人曾为江宁织造,颇裕,又与平郡王府姻戚往来,书中所托诸邸甚多,皆不可考,因以备知府第旧时规矩。其书中所假托诸人,皆隐寓其家某某,凡性情遭际,一一默写之,唯非真姓名耳。闻其所谓宝玉者,尚系指其叔辈某人,非自己写照也。所谓元迎探惜者,隐寓原应叹息四字,皆诸姑辈也……又闻其尝作戏语云:"若有人欲快睹我书,不难,惟日以南酒烧鸭享我,我即为之作书"云。①

后世围绕曹雪芹的种种故事传说,也使得作为显学的红学,其可以被阐释的内容和意义更为丰富多彩。

十

《孟子·万章章句下》篇有云:"一乡之善士,斯友一乡之善士;一国之善士,斯友一国之善士;天下之善士,斯友天下之善士;一天下之善士为未足,又尚论古之人。颂其诗,读其书,不知其人,可乎?是以论其世也。是尚友也。"而《万章章句上》篇又曰:"故说诗者,不以文害辞,不以辞害志;以意逆志,是为得之。"②

可能还没有一位中国文化史上的人物像曹雪芹这样,其名虽家喻户晓,其却一直迷茫难求。现在,经过冗长反复的叙述,我们终于可以给曹雪芹做一份人物小传了。

---

① 富察明义、爱新觉罗·裕瑞:《绿烟琐窗集 枣窗闲笔》,上海古籍出版社1984年版,第175—180页。
② 杨伯峻译注:《孟子译注》,中华书局1960年版,第251、215页。

曹雪芹（？—约1763），名霑，字梦阮，号雪芹，又号芹溪、芹圃。内务府正白旗（正白旗包衣）旗鼓佐领下包衣汉人。祖籍辽阳。

曹雪芹曾祖曹玺任江宁织造，曾祖母孙氏做过康熙帝玄烨保姆。祖父曹寅历任侍卫、内务府郎中、江宁织造，并兼任两淮巡盐御史。玄烨六次南巡，由曹寅接驾四次，并驻跸江宁织造署。曹寅病故后，其子曹颙、嗣子曹頫先后继任江宁织造。曹氏一家祖孙三代四人担任织造之职长达六十年之久。曹雪芹自幼就是在"秦淮繁华"之地、"温柔富贵"之乡生活长大的。

雍正五年（1727），曹頫以"行为不端""骚扰驿站"和"亏空帑银"罪名被革职抄家，并被"枷号"。雍正六年初夏，曹雪芹随全家回到北京，住在崇文门外蒜市口十七间半曹家旧宅。

乾隆十年（1745）前后，曹雪芹可能曾于右翼宗学当差。约在乾隆十九年之后，徙居西郊香山一带。曹雪芹由官宦子侄沦为废官家属、由富贵尊荣落到穷困潦倒的人生经历，使他深切感受到世态的炎凉，对传统社会旧制度的黑暗和腐朽有了更加清醒、更加深刻的认识。

曹雪芹才华超群，性情高傲，远离官场亲贵，在清苦的生活中，以坚韧不拔的毅力，从事《红楼梦》一书的写作与修订工作。约于乾隆二十七年（1762），其幼子夭折，他因过度悲伤，一病不起，并于是年除夕（1763年2月12日）在贫病交攻中溘然逝世。

据传闻记载，曹雪芹"头广而色黑"，猜测或是年轻时较胖，而中年后因为生活困顿变得消瘦。其人豪放不羁，善谈吐，嗜酒，才华横溢，工诗善画，这是所有有关曹雪芹的传闻和记载都普遍称述的。

但他的作品基本上都已风流云散，唯有"披阅十载，增删五次"的前八十回《红楼梦》流传于世。由于这部内容丰富、思想深刻、艺术精湛的伟大的现实主义杰作的问世，曹雪芹把中国古典小说的创作推向了一个新的高峰，在中国文学发展史上占有十分重要的位置。在某种程度上，可以说《红楼梦》是中国古典文学的终结，同时又孕育着现代性的光芒。曹雪芹和他的《红楼梦》，毫无疑问是中华民族优秀文化的典型代表和重要象征。

百年兴衰的曹家发迹于辽东，兴盛于江南，败落于北京。曹家归籍京师后，根据雍正皇帝谕旨，只能住在崇文门外蒜市口十七间半旧宅，曹雪芹就是在这里度过了他的青年时代。以此我们也可以断定，蒜市口曹家故居正是《红楼梦》诞生的地方。

曹雪芹曾经繁华而最终沦落，《红楼梦》就是他在"燕市悲歌"中追忆似水年华和家族兴衰的"秦淮旧梦"，而蒜市口十七间半曹家故居正是构"梦"的原点。

第一章 京华何处觅芹踪
——蒜市口十七间半曹雪芹故居发现始末

第一章 京华何处觅芹踪——蒜市口十七间半曹雪芹故居发现始末

曹雪芹家世与生平的考证作为红学研究的一个重要分支，最初学者更关注其与《红楼梦》创作之间的联系，往往将其视为《红楼梦》研究之旁证。① 新中国成立后，《红楼梦》中独特的"人民性"与"革命性"意涵被挖掘，成为红学发展的重要思想资源。20世纪80年代以后，随着《刑部为知照曹𫖯获罪抄没缘由业经转行事致内务府移会》的发现及蒜市口16号房屋的考古挖掘，围绕"蒜市口十七间半曹雪芹故居"（以下简称"曹雪芹故居"）的研究逐渐成为一种互动、开放、带有自主性和能动性的知识生产过程。相关学者通过实地考察、文献研究、口述、文字记录与图像结合等方式对曹雪芹蒜市口故居展开交叉性研究。这不仅有助于理解不同时空维度的文本、图像之间的互文对话，以及在这种相互作用中所构建的学术脉络，还能够更为清晰地凸显曹雪芹蒜市口故居文化象征意义的生成过程。只有关注这种过程本身，我们才能更深入地阐释曹雪芹蒜市口故居研究的发展脉络及它以何种方式关联着我们的世界和生命体验的问题。

---

① 如顾颉刚在为俞平伯所著《红楼梦辨》（亚东图书馆1923年版）一书所写序言中提及此前一百年间的"旧红学"时谈道："自从有了《红楼梦》之后，'模仿''批评'和'考证'的东西如此的多……在这一百年之中，他们已经闹得不成样子，险些儿把它的真面目涂得看不出了。"

第一节　寻找曹雪芹故居

1949年，中华人民共和国成立，马克思主义在意识形态上的主导地位得以确立，《红楼梦》研究在新红学的基础上也进入了一个新的阶段。随着1954年《红楼梦》研究批判运动的深入，关于《红楼梦》及曹雪芹的相关研究更加注重发掘并发扬其中富有"人民性""革命性"的文化遗产及其精神资源。其中，对曹雪芹故居的寻找逐渐为学人所关注。①

1962年，北京市文化局为了配合纪念曹雪芹逝世二百周年的活动②，对曹雪芹故居、坟茔及后裔做了较全面的走访和调查，分别做了《北京市文化局关于曹雪芹故居后裔及坟茔的调查报告（1962年

---

① 如吴恩裕《有关曹雪芹八种》（古典文学出版社1958年版）、《曹雪芹的故事》（中华书局1962年版）、《有关曹雪芹十种》（中华书局1963年版）；周汝昌《曹雪芹》（作家出版社1964年版）；李希凡《曹雪芹和他的〈红楼梦〉》（人民出版社1973年版）；等等。

② 1963年8月17日，为了纪念18世纪我国伟大作家曹雪芹逝世二百周年，文化部、中国文联、中国作协、故宫博物院联合举办了纪念展览会。展陈主要分为六个部分，包括曹雪芹的生平及家世，《红楼梦》的时代背景，《红楼梦》在历代和国内外的版本、绘画及有关著作，《红楼梦》时代的参考文物，以《红楼梦》为题材的戏剧、电影、曲艺等各种艺术形式的发展情况，陈列了以《红楼梦》为题材的许多工艺美术品。参见《文化部 文联 作协 故宫博物院 举办纪念曹雪芹逝世二百周年展览会》，《人民日报》1963年8月18日，第2版。

3月26日)》和《北京市文化局关于曹雪芹墓葬故居及后裔调查第二阶段工作情况汇报(1962年7月26日)》①。

  1962年3月26日的调查报告中,谈到曹雪芹的故居、坟茔及后裔的文献记载,过去是微乎其微,仅仅有些残言片语。"在《红楼梦》第一回中,作者叙述他当时的境况已是'茅椽蓬牖,瓦灶绳床',家业凋零,破落不堪,栖身于荒僻的村野了。"近年来吴恩裕在《有关曹雪芹八种》一书中也收录了一些关于这方面的材料,如赵常恂老先生提及曹雪芹居于香山健锐营并死在那里,其屋迹犹能盯指。曹未风先生提到曹雪芹晚年住在颐和园后,过红山口去温泉路上的镶黄旗营并死于该地。刘宝藩听正蓝旗德某说,曹雪芹住健锐营之镶黄旗营后即葬于附近,盖曹某该地有小块茔地……

  于是,调查组在海淀区镶黄旗村、镶黄旗营、红石山、正蓝旗村、正白旗村、蓝靛厂火器营、香山健锐营等地及周边村庄进行调研,如对居住在海淀区镶黄旗村的"在旗者"(满族老住户)②进行访谈,他们反映的情况是:"镶黄旗与正黄、正白两旗为上三旗,每营四百士兵,多系满人,镶黄旗营因地势所限,营房分散,辛亥以前士兵世代相传居住营房。旗兵每月收入一定的钱粮。营房属于禁地,从不允许外人居住。现在老住户还剩四十家。碧云寺河滩附近,早年还有廿八家,那一地区因发水被淹没了。"他们都没听说有曹姓在营内居住过。当时九十岁高龄的于福寿说:"我今年九十岁,是镶黄旗营

---

① 具体参见《1962年北京市文化局关于曹雪芹生平的调查报告》,载北京档案馆编《北京档案史料》2001.4,新华出版社2001年版,第58—79页。
② 赵士光、赵彦勋、于福寿、纽德盛等老人。

根生土养，我们这块没有比我再大的了，可是没听说过曹雪芹的住处和坟地，营子里面也没有住过姓曹的。"后来又访问了碧云寺的老向导马海亭和久居香山的赵彦勋，但也是徒劳。而在吴恩裕《有关曹雪芹八种》一书中介绍曹未风信中谈道：在颐和园后，过红山口去温泉的路上有镶黄旗营，曹雪芹晚年住在那里。但据调查组访问的该地八十岁满族人苏金波介绍：圆明园八旗是保卫圆明园的御林军，大多数是满人。各营都有营墙，是不准汉人进入的禁地，民国以前，从没有汉人在营地住过，更没有姓曹的一户。在圆明园东南角有"包衣三旗"——正黄、镶黄、正白，也都是满人，现包衣三旗地址已由清华大学盖楼用地，包衣三旗住户迁到海淀去了。至此，曹雪芹居住"镶黄旗营"的头绪暂时被打断。而《有关曹雪芹八种》中记载刘宝藩说正蓝旗有德某曾说，曹雪芹居住西郊。调查组在正蓝旗村访问老农白玺庭，他说："我村没有姓德的，旗人是以名为姓，也没有挂德字的；只有个高德全，是汉人。"而高德全说："我村如今只有郭、韩、张、白、金等，六姓老户，根本没有德姓，除了我叫高德全，西小府有个张德圃，也是汉人。""正白""镶白"两旗附近亦遍寻不到曹雪芹的踪迹。调查组在对在旗曹姓名单①及当地居民提供的线索一一核准之后，发现名单上的曹姓诸人均非曹氏后裔。

1962 年 3 月 26 日的"调查"并未取得实质性的进展，主要原因是线索多属间接的只言片语或道听途说。但此次的调查并非一无所

---

① 如篱笆房的曹连元（祖籍山东，祖辈在东北挖人参，致富后在此地落户），小屯村的曹曾（山西人，民间雕塑工人），门头村的曹永和及曹振兴（河北安国人）等，他们迁居西郊三四十年。

获,调查组得出以下三点结论:

(1)乾隆二十八年以前正是健锐营建营不久,营房整齐,营内禁地,外人难以进入。

(2)乾隆中叶健锐营一带有在旗士兵,三千三百六十户,还有"苗子营八十户",共有人口七八千人。再加上营前实胜寺、焚香寺僧人数千,总人数在万人以上。相当繁华热闹。似乎不符合"山村不见人","寂寞西郊人到罕"的意境。

(3)香山一带名胜古迹很多,如静宜园、静明园、卧佛寺、碧云寺、法海寺、梵香寺、实胜寺、阅武楼等等。可是在曹氏友人的诗句中,几乎没有提到任何一处名胜,而诗中却多用"黄叶村""山村"等等,决不是香山健锐营的情况。

据此,调查组认为曹雪芹晚年也可能不住在健锐营内。在1962年7月26日的调查报告中,调查组在对曹雪芹后裔的调查中,注意到"德胜门曹姓"一支,据该村曹文华说:"我们祖先原居沈阳浑河东柳官屯(据曹天祥说其祖上老根是辽东铁岭),原为汉人,后归正白旗(内务府),清初远祖世隆携弟曹世×随顺治入关。到北京后,曹世隆被赐为皇粮庄庄头(世袭)定居富豪村,其弟曹世×在京为官,居于德胜门里,此二支互相往来直到清末。二十年前富豪村曾有人去柳官屯,知悉同族尚不少留居该地。"值得注意的是,富豪村曹世隆为内务府正白旗,先居沈阳地方,后"归附"满族。这一情况与曹雪芹祖上相似。且曹雪芹先祖名曹世选与曹世隆名字中间一字均排行为"世",他们生活的时代大致也在同一时期。而对"曹雪芹祖籍丰润说"的研究也由于此次调查有所推进。曹氏始祖可考者为北宋曹彬,至南宋时,曹庆孝生二子,长子曹善翁、次子曹美翁。善翁落籍江西新建县武阳渡。美翁落籍江西进贤县。后来曹善翁生二子,长子名子义、次子名子华,子义生端可、端明、端广三子。端明于明永乐二年(1404)携弟端广北迁,落籍河北丰润,端广继续北迁,落籍辽东铁岭,端可仍留居江西新建。从此曹氏分为丰润、铁岭、新建三支。丰润、新建一支世系均记于"浭阳曹氏族谱"中,在"浭阳曹氏族谱"中没有曹雪芹一支的任何记载。足证曹雪芹一支不是河北丰润。据丰润曹姓老人说,曹雪芹一支当属辽东铁岭曹端广之后,但因在"浭阳曹氏族谱"中没有铁岭一支世系,所以无从查考。[1] 两次调查虽然均未获得具体结果,但此次调研将曹雪芹故居问题作为曹雪芹家世研究中一个极为重要的子项提出,将其作为把握《红楼梦》及曹雪芹其人其事的一把"钥匙",探讨曹雪芹故居位置之所在,研究本身即具有极为重要的现实意义。此次调研工作中搜集到的虽然多为"间接的只言片语或道听途说"[2],但对十五个单位和八十余位干部及群众的访问,一千二百多处坟茔的"踏查",不仅推动了其后曹雪芹

---

[1] "丰润说"研究如贾宜之《曹雪芹的籍贯不是丰润:评周汝昌先生〈红楼梦新证〉》,《文学遗产》1957年第A5期;杨慰民《曹雪芹祖籍丰润说质疑》,《红楼梦学刊》1996年第3辑;冯其庸《曹雪芹祖籍"丰润"说驳论》,《红楼梦学刊》1996年第3辑;董宝莹《驳"曹雪芹上世与丰润曹无涉"说》,《红楼》1999年第4期;周汝昌《曹雪芹祖籍"丰润—铁岭"论》,《满族研究》2000年第1期。
[2] 《1962年北京市文化局关于曹雪芹生平的调查报告》,载北京档案馆编《北京档案史料》四,新华出版社2001年版,第62页。

故居研究中资料学体系的发展与完善，也为曹雪芹故居研究的发展提供了重要契机。

1971年春，香山正白旗村39号老宅西屋发现了山墙夹层内的题壁诗文①，由于老宅所处"香山与卧佛寺之间，四王府、桐峪村一带"，且诗作中"往返程途走奔驰，风吹雨洒自喷嗟""赴斋画稿犹可叹，途穷受气向谁发"之言暗合曹雪芹晚年境遇及文人气韵。据舒成勋回忆："那天擦黑下班回来，我爱人陈燕秀说'墙上出字儿了'，我到西屋直眉瞪眼瞅了半天，只觉得稀罕，没想更多，后来一眼瞧见那副对子：'远富近贫以礼相交天下少，疏亲慢友因财而散世间多'，心里活了，早年间当地说曹雪芹的大鼓书，劈头就是这么两句，听我们街坊何太虚说，这副对子是鄂苏拉氏家的送曹雪芹的，早先挂在曹雪芹家门口。"

吴恩裕等访问张永海时，张永海提到曹雪芹好友鄂比所赠之对联："远富近贫以礼相交天下少，疏亲慢友因财绝义世间多。"② 传说中的对联以文字及实物的形式出现，且正白旗村39号地理位置及屋前景观亦符合张永海对曹雪芹迁往香山的第一个居住地点的描述："四王府的西边，地藏沟口左近，靠近河的地方；那儿今天还有一棵

---

① 参见冯精志、冯华志《一个不容忽视的发现——香山正白旗村39号题壁诗文考析》，《红楼梦学刊》1981年第2辑。
② 1963年3月17日，在《文学遗产》编辑部的协助下，吴恩裕对张永海进行了访谈，获知了有关曹雪芹创作和生活的许多传说（此部分在其著作《曹雪芹丛考》第二编中有详细记叙）。参见吴恩裕《曹雪芹丛考》，上海古籍出版社1980年版，第101页。

二百多年的大槐树。"①

　　1971年5月13日，中国科学院哲学社会科学部文学研究所接到民盟中央的电话通知，委托红学家吴世昌前去调查，写出了《调查香山健锐营正白旗老屋题诗报告》②，该报告严肃指出："老屋墙上题诗，从其内容与字迹判断，与曹雪芹无关。"俞平伯同志读了报告后附书道："壁上的诗肯定与曹雪芹无关。虽是'旗下'老屋，亦不能证明曹氏曾经住过。"1973年5月13日，胡文彬与周雷又亲自到正白旗去调查访问，通过与当地居民、群众的座谈及进一步研究，认为这些题壁诗文确实与曹雪芹无关。③

　　北京西山一带，特别是香山地区，有关曹雪芹在此居住、埋葬的传说流传甚广。于是，"曹雪芹与西山"亦成为红学中无可回避的话题或课题。④1982年，舒成勋口述、胡德平整理的《曹雪芹在西山》一书中"对曹雪芹在北京西山一带写著《红楼梦》的生活环境，提供

---

① 吴恩裕：《曹雪芹丛考》，上海古籍出版社1980年版，第147页。
② 参见吴世昌《调查香山健锐营正白旗老屋题诗报告》，载《红楼梦研究集刊》编委会编《红楼梦研究集刊》第1辑，上海古籍出版社1979年版，第433—440页。
③ 具体参见胡义彬、周雷《驳"曹雪芹故居之发现"说——香山清代题壁诗文墨迹考析》，《红楼梦学刊》1979年第1辑。
④ 如张云的《对"曹雪芹与北京西山"的思考》分别从作为文化资源的"曹雪芹与北京西山"和作为课题的"曹雪芹与北京西山"两个方面，来思考曹学中这一重要论题的发生及由它生发的超出其本体的意义。具体参见张云《对"曹雪芹与北京西山"的思考》，《曹雪芹研究》2015年第2期。此外，如樊志宾《曹雪芹西山足迹考》，《红楼梦学刊》2006年第3辑；位灵芝《北京"曹雪芹西山故里"项目建设刍议——以英国莎士比亚故居为借鉴》，《曹雪芹研究》2014年第1期；包世轩《曹雪芹西山最后居住地谢草池问题解析》，《曹雪芹研究》2015年第1期；崔川荣《曹雪芹与西山广应寺》，《曹雪芹研究》2017年第1期；胡鹏《"曹雪芹在西山"遗迹寻踪》，《曹雪芹研究》2018年第3期；等等。

了丰富的传说、文献和文物古迹的说明①，其中"诗句入实的黄叶山村"一节，开篇即以敦诚、敦敏等曹公挚友之诗，兼以明清诸诗人涉及黄叶村、卧佛寺之言加以佐证。②董晓萍、贺学君所编《〈红楼梦〉的传说》一书中收录《香山何处黄叶村》之传说：

> 传说曹雪芹写《红楼梦》的时候，住在香山黄叶村。这黄叶村在哪儿呢？
>
> 香山老人们传说，它在金山脚下。明朝时候，黄叶村的人是看守朱明皇室的坟护户。清朝前期，这个山村变为兵营，坟护户们也都迁居到红山口一带，新立一村叫坟护营。现在通向香山有一站还叫丰护营，就是把当年的坟护营叫白了。因此，这个地方，明朝叫"金山脚下黄叶村"，清朝就改成了"马金顶下正白旗"。③

1984年4月22日，以"题壁诗"的发现及相关传说为基础建成了曹雪芹纪念馆，借名"黄叶村"④。曹雪芹纪念馆是在原来正白旗村39号老屋基础上向西拓展，一字排开，共建十二间，分五个展

---

① 舒成勋述，胡德平整理：《曹雪芹在西山》，文化艺术出版社1982年版，第1页。
② 参见舒成勋述，胡德平整理《曹雪芹在西山》，文化艺术出版社1982年版，第24—56页。
③ 文末记录"改写者晓梦""参考书目《曹雪芹在西山》"，具体参见董晓萍、贺学君编《〈红楼梦〉的传说》，南海出版公司1990年版，第181页。
④ 敦诚的《寄怀曹雪芹（霑）》中有"劝君莫弹食客铗，劝君莫叩富儿门。残杯冷炙有德色，不如著书黄叶村"之语，敦敏的《西郊同人游眺兼有所吊》亦有"秋色招人上古墩，西风瑟瑟敲平原。遥山千叠白云径，清磬一声黄叶村"。

室。①1989年,又在原展室后面新建房屋六间,将前面展室的展品做适当调整后,辟为第六、第七两个展室,主要展出曹雪芹的家世生平资料及《红楼梦》的各种版本和研究论著。

20世纪70年代末,短暂停滞的曹雪芹故居、坟茔及后裔等研究得以复兴。②1979年1月,文学艺术研究院红楼梦研究所成立③,同年5月,《红楼梦学刊》和《红楼梦研究集刊》相继创刊,开启了"新时期红学的航程"。④自此,围绕曹雪芹故居、坟茔及后裔等研究的相关论著开始大量发表,如蔡义江《目前〈红楼梦〉研究中的几个问题》⑤、易管《江宁织造曹家档案史料补遗——康熙三十五年至五十

---

① 第一展室为起居室;第二展室为写作室;第三展室为曹雪芹在西山生活创作环境模型展览;第四展室是展出题壁诗文残片、曾盛传曹雪芹用过的两个书箱及《废艺斋集稿》中的《南鹞北鸢考工志》双钩摹本影印件;第五展室是与故居有关的辅助展览,如香山地区收集到的《红楼梦》中提到的一些实物样品,等等。

② 论文如冯其庸《曹雪芹的时代、家世和创作——读故宫所藏曹雪芹家世档案资料》,《文物》1974年第9期;冯其庸《曹雪芹家世史料的新发现》,《文物》1976年第3期;吴新雷《关于曹雪芹家世的新资料——〈康熙上元县志·曹玺传〉的发现和认识》,《南京大学学报(哲学社会科学版)》1976年第2期;曹汛《有关曹雪芹家世的一件碑刻史料——记辽阳喇嘛园〈大金喇嘛法师宝记〉碑》,《文物》1978年第5期;吴恩裕《曹雪芹佚著〈废艺斋集稿〉残篇的新补充》,《沈阳师范学院学报(哲学社会科学版)》1979年第1期;等等。此外,如沈阳师范学院中文系编《曹雪芹生平家世资料专辑》,沈阳师范学院中文系,1979年;冯其庸《曹雪芹家世新考》,上海古籍出版社1980年版;吴世昌《红楼梦探源外编》,上海古籍出版社1980年版;胡文彬编著《红楼梦叙录》,吉林人民出版社1980年版;等等。

③ 1980年"文学艺术研究院"更名为"中国艺术研究院"。

④ 参见张庆善《新时期红学四十年——为红楼梦研究所建所、〈红楼梦学刊〉创刊四十周年而作》,《红楼梦学刊》2019年第3辑。

⑤ 蔡义江:《目前〈红楼梦〉研究中的几个问题》,《红楼梦学刊》1979年第1辑。

九年的曹家奏折——五件》[①]、王春瑜《论曹寅在江南的历史作用》[②]、曹汛《跋〈东京新建弥陀禅寺碑记〉——曹雪芹家世碑刻史料的考证》[③]、赵宗溥《曹雪芹的旗籍问题考释》[④]等。此外，还有黄进德《曹寅与两淮盐政——读〈红楼梦新证〉有关章节书后》[⑤]，任世铎和张书才《新发现的查抄李煦家产折单》[⑥]，江慰庐《〈红楼梦〉与扬州》[⑦]等。考证《红楼梦》作者各种文献及其文物资料的研究随着新时期红学的起航也开启了新的阶段。

第二节 《刑部移会》与蒜市口十七间半曹雪芹故居的发现

20世纪80年代初期，随着《刑部为知照曹頫获罪抄没缘由业经转行事致内务府移会》的发现，其中提到的"京城崇文门外蒜市口地

[①] 易管：《江宁织造曹家档案史料补遗——康熙三十五年至五十九年的曹家奏折——五件》，全文分为上、中、下三篇，分别刊于《红楼梦学刊》1979年第2辑、1980年第1辑、1980年第2辑。
[②] 王春瑜：《论曹寅在江南的历史作用》，《红楼梦学刊》1980年第1辑。
[③] 曹汛：《跋〈东京新建弥陀禅寺碑记〉——曹雪芹家世碑刻史料的考证》，《红楼梦学刊》1980年第2辑。
[④] 赵宗溥：《曹雪芹的旗籍问题考释》，《红楼梦学刊》1981年第4辑。
[⑤] 黄进德：《曹寅与两淮盐政——读〈红楼梦新证〉有关章节书后》，《南京师大学报（社会科学版）》1980年第2期。
[⑥] 任世铎、张书才：《新发现的查抄李煦家产折单》，《历史档案》1981年第2期。
[⑦] 江慰庐：《〈红楼梦〉与扬州》，《扬州大学学报（人文社会科学版）》1981年第1期。

方房十七间半"被初步确定为曹雪芹京城之寓所,具体位置由张书才等研究者结合清代档案、乾隆《京城全图》与实地勘探调查考证为"蒜市口 16 号院"。① 自此,围绕着"蒜市口十七间半"的研究作为新时期《红楼梦》及曹雪芹研究领域的学术"生长点",在学术机构、刊物及学人的努力下,曹雪芹故居相关研究得以迅速发展。

一、新档案的发现

1981 年,任世铎和张书才发表《新发现的查抄李煦家产折单》②一文,并于前附言谈及新发现的《总管内务府奏查抄李煦在京家产情形折》和《查弼纳奏查明李煦苏州家产并请另行查办李煦亏欠折》是从中国历史第一档案馆所藏满文档案中翻译而来,是"迄今发现的唯一一件查弼纳有关查抄李煦家产奏折的原件"③,对探讨曹雪芹的家世具有重要的参考价值。1982 年,在全国《红楼梦》学术研究讨论会④上,张书才向大会介绍了近年来发现的有关曹家家世的十多篇新资料,多为满文。其中,一份记载着清朝雍正七年(1729)七月刑部追查赵世显贪污一事的档案格外引人注目,其中提到曹𫖯获罪原因

---

① "崇文门外大街南端尽头处东侧,是一条东西走向的小街道,路北西起崇文门外大街南端东侧,东至抽分厂南口,路南西起磁器口北口,东至石板胡同北口,长约二百米。"参见张书才《曹雪芹蒜市口故居初探》,《红楼梦学刊》1991 年第 2 辑。
② 任世铎、张书才:《新发现的查抄李煦家产折单》,《历史档案》1981 年第 2 期。
③ 任世铎、张书才:《新发现的查抄李煦家产折单》,《历史档案》1981 年第 2 期。
④ 1982 年 9 月 22 日至 29 日在上海师范学院举行。

乃为骚扰驿站事,且明确提及"曹𫖯之京城家产人口及江省家产人口,俱奉旨赏给隋赫德。后因隋赫德见曹寅之妻孀妇无力,不能度日,将赏伊之家产人口内,于京城崇文门外蒜市口地方房十七间半、家仆三对,给与曹寅之妻孀妇度命"①。张书才在大会发言《新发现的曹𫖯获罪档案史料浅析——在一九八二年全国红学讨论会上的发言提要》中提到这件刑部移会的发现,为研究"曹𫖯获罪的原因及其结局,以及曹𫖯家属回京后的情况"提供了第一手史料,具有重要的参考价值。②此外,张书才先生还提出了一种"当时人看当时事"的研究方向:

> 研究《红楼梦》,不宜离开历史,离开产生《红楼梦》的那个一定的历史范围,而是需要首先了解、研究一下康、雍、乾时期的政治、经济、文化、思想、阶级矛盾和典章制度,自然也包括统治阶级内部的争斗、旗人内部的满汉关系及其生活思想状况,以及曹家的兴衰遭际等等。③

---

① 中国历史第一档案馆:《新发现的有关曹雪芹家世的档案》,《历史档案》1983年第1期。文末注史料编选者为:张书才、王道瑞、俞炳坤。
② 参见张书才《新发现的曹𫖯获罪档案史料浅析——在一九八二年全国红学讨论会上的发言提要》,《上海师范大学学报(哲学社会科学版)》1982年第4期。
③ 张书才:《新发现的曹𫖯获罪档案史料浅析——在一九八二年全国红学讨论会上的发言提要》,《上海师范大学学报(哲学社会科学版)》1982年第4期。

二、学人关注与探访

《人民日报》1982年10月31日第4版刊载《在清朝内务府档案中发现曹府抄家新材料，有助于进一步了解曹雪芹家世》，介绍了清朝雍正七年（1729）七月内务府档案文件的情况，认为这份档案文件对进一步了解曹雪芹的身世很有帮助。

《人民日报》刊发新档案消息的第二天，周汝昌就独自一人动身前往蒜市口，去寻访曹雪芹故居了。据周伦玲后来回忆[①]：

那时，我们的家坐落于朝阳门内南小街路东的一个巷子里。父亲特意起得比一般时候早，走出胡同口，北行数武就到了朝阳门内大街。这是一条东西走向的大街，虽然不能和王府井大街相比，但也车水马龙，川流不息。父亲本想在这里乘车，可抬头望望车站牌感觉不顺，就掉转头又返回到南小街，改乘南北行的24路汽车来到了东单，然后再换乘106路无轨电车，很快就到了蒜市口。

父亲见一辆三轮车停靠在路边，就走上前：

"师傅，您贵姓？"

"免贵姓闫。"

"您对这一带一定很熟悉吧？"

"就住在鞭子巷二条4号。"

"跟您打听一下：蒜市口可有一处比较老一点的院子？里面有十

---

① 周伦玲：《周汝昌寻访蒜市口曹雪芹故居》，《今晚报》2019年8月9日，第12版。

几间房?"

"嗯,嗯……这个还真说不好。"

父亲致谢作别,往前行不几步,又遇到一位年纪长一点的老者,就又上前打问:"老先生,跟您打听件事:这附近可有一处带十几间房屋的院落?"

老者摇摇头:"没听说过。"后得知这位姓曲的老人来京居住不久,地理环境并不熟悉。

父亲并不甘心,站在那里朝北望去,在商肆店铺的百般门面招牌中忽然瞥见有家皮衣成衣店,心想他们或许对此地比较熟悉吧?边想着就径直走了进去,开门见山地向几位售货员打探,可惜一无所获。

父亲还是不放弃,继续向前行。不远处,一家古旧小宅门,一老者坐门外负暄,便上前打探:

"老大爷,您贵姓啊?"

"姓马。"

"您高寿?"

"88啦!"

"向您打听一下,您知道这一带有没有一处17间房子的院落?"

"这个呀?"

马翁慢条斯理地拉起长谈,谈到蒜市口过去的繁华,今日的变化,却没能回答出父亲的提问。

紧接着,父亲又向一位张姓70岁老人打探,旁边一位女性居民凑过来,听说是寻找曹雪芹故居,非常热情,亲自带父亲进入几个较大的宅院里转了转。院子倒都不错,但规格却不相符。

虽然探寻无果,但周汝昌还是满心欢喜。并于第二天写信转告亲友:

有一新情况,很兴奋:旧已知雪芹一家被罪入京,一无所有,隋赫德将赏他的家产中留给了楝亭夫人,地点不明,久以为闷闷,而今得知在蒜市口!——此口即我们有一年曾走到过:循花市往南之大街,走到一个端头,要拐弯,拐的是一曲窄之巷,为磁器口,蒜市口即此口之东边一点儿,今亦混呼不别。因知雪芹何以会到外城(旧日疑之)而后日流落卧佛寺也(齐白石之说,可信矣!),今乃大悟,全合情理。(且后日出城游二闸,亦"顺路"之行。)是曹家彼时惨甚,连内城亦不让住也!明白了许多事,增添了很大想象领域。喜幸之下,昨上午晴日中独往蒜市口一探。因忆旧年我等同步,你问:现出了靖批"脂砚亦于不数年别去",则旧看法应如何?……即这条路线也。应尚能记省。未料此乃雪芹幼年步履之地,何幸何幸!……

在信尾,周汝昌还附上诗作《癸亥新正十三日出崇文门寻雪芹故居》:

峭拂晴风想试灯,文明门外问途行。
厒年路改芹时土,三里河存蒜市名。
故宅依稀悲玉赋,遗篇零落悼红亭。

九旬曝日街前叟，就语沧尘略可听。

1984年春天，中国第一历史档案馆张书才约端木蕻良到蒜市口"十七间半房"去考察。据端木蕻良回忆：那次访问，进大门后就由一条小夹道往里走，走了有数十米远光景，便看到四扇屏门，上面写着"端方正直"四个大字。待到院中，看到两边厢房檐下各有一块扇形小匾，一边写的是"端宁"，一边写的是"小憩"，还刻有"臣某某"的小印，但已辨认不清是何人印记，没法作进一步判断。东西厢房前檐内又各有一块横形小匾。后又听原住户马允升先生谈道"这十七间半房前半部都是门脸用房，临街还有做招牌的大柱，曾经是座'染坊'"。

据《康乾遗俗轶事饰物考》（完颜佐贤编著）认为，清代一般住宅"七品以下多住清水排房、起脊瓦房，正房三间两耳，三东，三西，三南，左右串堂四合院"。"十七间半"是符合这种格局的。曹家房产已经入官，现在是皇上恩恤赐还养赡（雍正还表示这是怜老恤幼的意思）之所，这种格局按说已经差不离儿了。房屋前面还有"染坊"，这点也值得探讨。①

---

① 端木蕻良认为当然曹家不会自己开染坊，但曹家家人是否会"近水楼台"有开染坊的可能呢？"记得我小时候，听老人称大染坊为'印染局'，大药房为'药局子'。在北京，染坊最初是否也有官营性质，或须请领执照才得开业等情况，我没有研究过。如果有这种历史过程，希望有人提出来，也许会从中得到意外的收获。同时，也希望古建筑学家能够去考察一下，敲定这房屋的年龄，到底它已经历了多少春秋？那会对此院落的考定有所帮助。"参见吴恩裕、端木蕻良等《曹雪芹在北京的日子》，陕西人民出版社2008年版，第9页。

蔡义江也在《曹雪芹故居遗址记》一文中谈到在召开曹雪芹故居遗址研讨会之前，杜春耕与他相约，去实地走访过一次当年的曹家故宅——原北京崇文门外蒜市口"十七间半"的16号院，中国第一历史档案馆研究员张书才、北京师范大学中文系教授张俊、北京语言大学教授周思源、北京出版社副编审曹革成等也随之同行。[①] 走访归来后，蔡义江写了"曹家馀此宅，春梦了无痕"的诗句，取东坡诗中"人似鸿雁来有信，事如春梦了无痕"之意，其叹惋之情可见一斑。

蔡义江认为："现在许多人因见'不如著书黄叶村'诗而以为西郊是雪芹写《红楼梦》的地方，这实在是很大的误解。我小诗的后两句即明言《红楼梦》创作是在其移居西郊之前，而蒜市口旧居就很有可能正是曹雪芹创作他这部不朽的古典小说的地方。"

三、张书才的曹雪芹故居研究

张书才是中国第一历史档案馆的研究员，主要从事清史研究工作；也是知名的红学家，以研究曹家家世和熟谙曹家档案史料著称。在历史档案馆，他可以看到很多其他研究者无法接触到的第一手材料，因此他写出了一系列有关曹雪芹及其家族考辨的重要论述，如《曹雪芹旗籍考辨》《曹𬱖获罪档案史料考析——关于曹𬱖获罪的原因与被枷号及其家属回京后的生活状况和住址问题》《再谈曹𬱖获罪之

---

① 参见蔡义江《追踪石头2：蔡义江论红楼梦》，浙江文艺出版社2014年版，第114页。

原因暨曹家之旗籍》《新发现的曹雪芹家世档案史料初探》等。经过十余年的研究考证，张书才确认蒜市口16号院为曹雪芹故居遗址，主要有三个方面的证据。

（一）清代档案

据中国第一历史档案馆所藏档案记载，江宁织造曹𫖯因骚扰驿站、亏空库银、转移家中财物获罪，受到抄没家产与革职、枷号的惩处。雍正六年（1728）三月初二日，接任江宁织造的隋赫德在《细查曹𫖯房地产及家人情形折》中奏明：

曹𫖯所有田产、房屋、人口等项，奴才荷蒙皇上浩荡天恩特加赏赉，宠荣已极。曹𫖯家属蒙恩谕少留房产，以资养赡。今其家属不久回京，奴才应将在京房屋人口酌量拨给。

雍正七年（1729）七月二十九日，刑部在给办理赵世显事务的王大臣的移会中，引据内务府咨文称：

查曹𫖯因骚扰驿站获罪，现今枷号。曹𫖯之京城家产人口及江省家产人口，俱奉旨赏给隋赫德。后因隋赫德见曹寅之妻孀妇无力，不能度日，将赏伊之家产人口内，于京城崇文门外蒜市口地方房十七间半、家仆三对，给与曹寅之妻孀妇度命。

这两件档案证明，曹雪芹与祖母等一家老小由南京回到北京后，就住在崇文门外蒜市口地方有"十七间半"房的曹家旧宅,并且也只能居住于此。①

(二)乾隆《京城全图》

乾隆四年至十五年(1739—1750)勘测绘制完成的《京城全图》,详细记录了当时北京内城、外城的街巷及各个院落的房屋布局和间数。据该图所绘,蒜市口街在崇文门外大街南端尽头处东侧,东至抽分厂南口、石板胡同北口。经逐一核查图上所绘蒜市口街及其附近的各个院子的房屋间数,只有蒜市口街北侧由抽分厂南口往西数第三个院子有房十八间,此外再没有十七八间房屋的院子。该院是一个坐北向南的三进院落:临街房六间(东数第二间为院门);前院由一道中间偏东些的南北隔墙分为两部分,西部有北房三间,东部无房;前院与中院之间是一道东西隔墙,中间偏东些有门通中院;中院北屋正房三间,东西厢房各三间;后院空旷无房,西院墙向内凹进一段。

---

① 1986年7月5日《人民日报》第3版刊载了赵昌春的《大连发现清宫秘档揭开真相 曹雪芹父亲因骚扰驿站获罪》谈道,大连市最近发现了一批清代总管内务府珍贵档案。这批档案是大连市图书馆在整理古籍、鉴别善本时发现的。档案用工整的毛笔字书写在宣纸上,有的卷首写有"知道了""依议"等红字,可能是"御批"。它们原藏于清宫内阁大库,系清顺治至光绪年间的清宫原档,是清宫总管内务府收存的清朝的诏令、奏章、外国表章、历科殿试试卷和其他文件的一部分。初步清理结果,完整的有二千零一十五件,其中满文的八百六十一件,大半为顺治、康熙年间的;满汉合璧的有一千一百九十件,以雍正、乾隆以后的占多数。这批档案中还有曹雪芹家世的官方档案。其中有曹雪芹祖父曹寅在总管内务府任职时活动的满文题本原件以及曹寅署名题奏的满文题本,还有曹雪芹父亲曹頫因骚扰驿站获罪的题本原件。后者是国内已有的关于曹頫获罪的最完整的原始档案材料。

全院总计房十八间。

据中国第一历史档案馆所藏雍乾年间内务府官房租库档案记载，房间有二檩、三檩、四檩、五檩、六檩、七檩之别，无论几檩，皆谓一间，不以檩少间小为"半间"。那么，"半间"之称又何所指呢？文献无征，民间则有两种说法：一说是院门过道，旧时按"半间"计算；一说是旧时迷信，以单数为阳宅（活人所居），双数为阴宅（死人所居），所以往往忌言双数而称"半间"。依据这两种说法，"房十八间"可称为"房十七间半"，而"房十七间半"实际是"房十八间"。所以，乾隆《京城全图》上标示的这个"十八间房"的院子，应该就是档案所载"房十七间半"的曹宅。

（三）遗迹遗物

经实地踏勘调查，乾隆《京城全图》所标示的这个"十八间房"的院子，就是依然存在的蒜市口16号院，两者的方位、形状（后院西院墙向内凹进一段）、大小完全一样，只不过院内房屋间数布局已经不同罢了。并且，现存的后院古井、"端方正直"四扇屏门等遗迹、遗物，也揭示了16号院与曹家旧宅之间的某种渊源关系。

先说古井。后院在乾隆《京城全图》上空旷无房，既有水井一口，证明当年后院是个小花园。《红楼梦》第四十一回栊翠庵妙玉烹茶一段文字，有一条眉批说：

尚记丁巳春日谢园送茶乎？展眼二十年矣。丁丑仲春，畸笏。

畸笏，即畸笏叟，多认为是曹雪芹之叔曹頫的化名。丁巳是乾隆二年（1737），丁丑是乾隆二十二年（1757），恰是相距二十年。可见，"谢园送茶"事发生在乾隆二年春日，正是曹雪芹一家住在蒜市口时期，即谢园实为蒜市口曹家旧宅内的一个小花园，与蒜市口16号后院在乾隆初年是花园完全相合。至于"谢园"之命名寓意，当如"西堂"一样，应与曹寅自比谢灵运，而将其弟曹荃比作谢惠连，以喻他们兄弟如同谢氏兄弟一样欢洽友爱相关。曹寅既自比谢灵运，用其书斋"西堂"之名来为自己京城家中和江宁织造署内的书斋命名，并自号"西堂扫花行者"，那么，将自己休憩时暂住并招待外城友人的蒜市口宅中小园命名为"谢园"，实也情理中事。所以，后院古井遗迹，应是蒜市口16号院即为曹雪芹故居遗址的一个证据。

再说"端方正直"四扇屏门。据祖居此院一百数十年的马允升老人介绍，屏门是祖上买下这个院子时就有的，原在中院南墙中间垂花门处，1926年前后增建南房时，才拆下移作东夹道墙壁了。"端方正直"，显与旧时宅院影壁、屏门常用的"富贵平安""紫气东来"一类的吉祥语不同，应是家训家风的体现和象征。这在《红楼梦》中也有迹可寻。第二回冷子兴演说荣国府，写贾政"为人端方正直"，最受祖父疼爱。第二十二回元宵制灯谜，贾政又作砚台谜："身自端方，体自坚硬；虽不能言，有言必应。"脂评说："好极！的是贾老之谜，包藏贾府祖宗自身。'必'字隐'笔'字，妙极，妙极！"脂砚此评，特地点明包藏"祖宗自身"，应是有感于自身家世所发。张书才特别提到蔡义江在《曹雪芹故居遗址记》中对此处的分析，认为其鞭辟入里、入木三分：

初读，我以为脂评是说，有曹家影子的贾府原是诗书翰墨之家，故言笔砚。现在看来，还不止此，同时也"包藏"对"祖宗"为人的评赞。"端方"二字已做入谜面；"正直"二字，则以"笔"（谐"必"）来指代，如谓"笔直"。谜语后八字，意谓虽无巧言善辩之才，然欲有表述，必以正直之心应对之。这不禁使人想起曹寅救陈鹏年故事：鹏年为人所陷，几遭诛杀。"曹寅免冠叩头，为鹏年请。"时李煦伏其后，"见寅血被额，恐触上怒，阴曳其衣警之；寅怒而顾之曰：'云何也？'复叩头，阶有声，竟得请。出，巡抚宋荦逆之曰：'君不愧朱云折槛矣！'"（《耆献类征·陈鹏年传》）所以，若以此谜语及"端方正直"四字来形容曹寅，倒确是很贴切的。脂评连声称赞"妙极，妙极"，恐正包含这层意思在。[①]

所以，"端方正直"四扇屏门既是马家祖上买下此院前的原有之物，其为曹家旧有，渊源有自，可为曹雪芹故居遗址佐证，应该说是可信的。

综上所述，张书才认为：蒜市口 16 号院（后改为广渠门内大街 207 号），是迄今发现的唯一一处有清代档案可据、有乾隆《京城全图》可证、有遗迹遗物可寻的曹雪芹故居遗址。[②]

此外，张书才还特别提到北京流传的有关曹雪芹寄居广渠门内卧佛寺的"故老传说"。"卧佛寺在今东花市斜街，西南距蒜市口约

[①] 蔡义江：《追踪石头 2：蔡义江论红楼梦》，浙江文艺出版社 2014 年版，第 115—116 页。
[②] 参见张书才《曹雪芹蒜市口故居初探》，《红楼梦学刊》1991 年第 2 辑。

二里许。曹家在江南时即与佛门多所瓜葛，家败回京后自然更会礼佛祈福，与附近寺庵僧尼交接往还，雪芹日久与寺僧交契，或在孀母故后，贫穷难耐凄凉之日，就近寄居卧佛寺中，自属可信。"① 这一带充溢着中下层社会的生活氛围，既是故衣杂货、农副产品的集散之地，也是商贩农夫、游民乞丐、市井豪侠以及僧尼道士、三教九流的荟萃之区。② 吴恩裕在《崇文门外之卧佛寺》中亦记载："一九五七年十月十三日晨余往崇文门外小市。归途经一胡同曰'卧佛寺东一条'，因忆已故陶北溟曾见告，曹雪芹家败后曾寄居崇文门外卧佛寺。乃便道访问。寺已无僧，屋舍皆为一般住户，院甚破落，分三进，至第三进之东北房姓曹，通州人。初闻为之一惊。岂雪芹族人仍有居此者耶？入询之，主人不在，曹君名远寿，年四十六岁。在西单牌楼首都剧院司存车事。拟异日拜访，一问究竟。"③

曹雪芹生活、成长在这样一个地域环境里，目见耳闻、交往接触的多有下层社会的生活情景和各色人物，必然使他对社会对人生的体验和认识较之在江南时发生深刻变化，对其思想和创作产生既大且深的影响，即以小说人物而论，《红楼梦》第二十四回写贾芸路遇醉金刚倪二一段文字，庚辰本有脂批云：

---

① 周汝昌也在《曹雪芹卧佛寺故居》一文中表达了类似的看法，参见周汝昌《红楼家世——曹雪芹氏族文化史观》，黑龙江教育出版社 2003 年版，第 369—370 页。
② 在雍正、乾隆年间，崇文门外一带与内城大不相同，且较正阳门外、宣武门外空旷荒僻。所居多为商人工匠、车户脚夫及无业贫民，绝少达官士夫。收养弃婴的育婴堂、赈恤穷民的粥厂也设在这里。
③ 吴恩裕：《曹雪芹佚著探源》，天津人民出版社 1979 年版，第 129 页。

余三十年来得遇金刚之样人不少，不及金刚者亦不少，惜书上不便历历注上芳讳，是余不足心事也。壬午孟夏。

壬午是乾隆二十七年（1762），上推三十年为雍正十年壬子（1732），正是曹雪芹住在崇文门外蒜市口期间。显然，曹雪芹能写出醉金刚倪二，以及香料铺掌柜卜世仁、江湖道士王一贴、包揽词讼的老尼静虚等着笔不多却跃然纸上的各色人物，乃至将贾蓉之妻秦可卿写成是从养生堂（育婴堂）抱来的孤女，可能都与他住在蒜市口、寄居卧佛寺期间的生活经历和对社会众生相的了解，有着极大的关系。

善因楼梓本《批评新大奇书红楼梦》第一回有朱笔眉批称，曹雪芹"通文墨，不得志，遂放浪形骸，杂优伶中，时演剧以为乐，如杨升庵所为者"。曹雪芹与优伶交往过从并亲自登台串戏、歌哭笑傲的经历，只能发生在他在右翼宗学当差之前，即在蒜市口居住期间。清代内城不准开设戏馆，戏班、戏园和可供演戏的茶楼、会馆都在外城，而以前门外最多。《红楼梦》中写了大量的演戏、看戏、说戏的情节，涉及剧目、声腔、戏班之多，是任何一部古典小说所无法比拟的，这既是清代中期京城戏曲文化发展繁荣的真实反映，更与曹雪芹曾经"杂优伶中，时演剧以为乐"的亲身经历紧密相关。尤其值得一提的是，脂评曾指出"作者当日发愿不作此书，却立意要作传奇（戏曲）"。《红楼梦》第五回在唱"新制的红楼梦仙曲十二支"（加"引子""收尾"共十四支曲）之前，警幻仙姑说道：

此曲不比尘世中所填传奇之曲，必有生旦净末之别，又有南北九宫之限。此或咏叹一人,或感怀一事,偶成一曲,即可谱入管弦。若非个中人,不知其中之妙。

曹雪芹既然"立意要作传奇",并通过警幻之口把"红楼梦仙曲"称作"红楼梦原稿",自然是深知其妙的"个中人"。这说明曹雪芹在"杂优伶中,时演剧以为乐"之日,不仅有自编自演、现身说法之经历,且写过《红楼梦》传奇"原稿"。小说《红楼梦》中即有大量的"传奇之曲",有的人物对话中也时带戏曲对白的声口,可资参酌。若果是曹雪芹"披阅十载,增删五次"过程中有一次是传奇原稿,应是"时演剧以为乐"前后所为,似可进一步证明《红楼梦》是曹雪芹在蒜市口居住期间开始写作的。①

第三节 文化界对蒜市口十七间半曹雪芹故居的考察与持续关注

20世纪90年代末,随着北京旧城改造的推进,"十七间半"曹雪芹故居遗址保留还是拆除的问题一时成为讨论的热点。② 早在1993

---

① 参见张书才《曹雪芹蒜市口故居初探》,《红楼梦学刊》1991年第2辑。
② 参见《"十七间半"曹雪芹故居遗址再成热点》,《光明日报》1999年6月24日,第2版。

年，北京市文物事业管理局（1993）京文物办字第009号下发《关于市信访办93年65号〈信访摘报〉办理情况的报告》，现摘录如下：

北京市信访办：

崇文区人大代表李继昌关于蒜市口16号（旧门牌）为曹雪芹故居的来信已转至我局。经向红学专家端木蕻良、李继昌代表信中所据《曹雪芹蒜市口故居初探》原作者张书才同志等了解，现将有关办理情况报告如下：

一、经张书才等介绍：根据中国历史第一档案馆所藏清代内务府档案记载：雍正七年，曾赏曹寅京城崇文门外蒜市口地方房十七间半，家仆三对，以此证明了曹雪芹回京后曾居于崇文门外蒜市口。同时提出二点原因，证明此房是蒜市口大街16号。

1. 据《乾隆京城全图》所载，此院有房18间和档案中所记17间半最为近似。

2. 曹雪芹诗文中所绘的某些情景和蒜市口风物相近。

3. 高鹗所续《红楼梦》第二回中曾补入"端方正直"四字同蒜市口大街16号院墙中间的屏门上刻字相同。

因此张书才等红学专家认为蒜市口大街16号应是曹雪芹故居或者说至少要比蒜市口大街其他院落更具有可能性。

二、根据张书才同志了解及崇文区文化文物局调查，蒜市口大街16号已分别于1926年、1934年进行了翻建及扩建，现在的门面已改建成饭馆，因此已难窥此院原有格局。同时，此院处于蒜市口大街规划红线之内,俟规划实施时将会对此院保护造成困难。

三、有些专家对此也有不同意见,认为此处不一定是曹雪芹故居。

综上所述,我局认为,对提出蒜市口大街16号是曹雪芹故居的看法,目前还缺乏有力的证据。为此建议由红学专家及文物专家进行进一步论证后,再行提出保护利用措施。

特此报告。

北京文物事业管理局办公室
1993年7月1日

在数年的研究后,证明出蒜市口大街16号院是曹雪芹故居的讨论更为充分。基于此,1999年6月8日,北京市崇文区政协、北京市政协、中国红楼梦协会在龙潭公园龙吟阁联合召开曹雪芹故居遗址研讨会,确认蒜市口曹雪芹故居遗址并建议北京市、崇文区政府和文物部门,结合市、区的规划建设,在蒜市口修建曹雪芹故居纪念馆。①

与会人士就崇文门外蒜市口曹雪芹故居遗址的确认、保护、利用问题畅所欲言,达成如下共识:(1)确认蒜市口曹雪芹故居遗址,有中国第一历史档案馆馆藏雍正七年(1729)的《刑部移会》(见1983年第1期《历史档案》)等原始档案为依据,不仅是真实可靠

---

① 参见《北京蒜市口曹雪芹故居遗址研讨会在北京召开》,《历史档案》1999年第3期。

的,而且是目前唯一一处有史可稽的曹氏故居遗址。(2)大部分专家认为,根据乾隆《京城全图》所绘蒜市口街两侧各院落的房屋间数,及祖居蒜市口16号院已一百七八十年的现住户马允升老人提供的此院房屋格局、变迁情况与匾额、屏门、水井等物,结合《楝亭诗钞》《红楼梦》的有关描写考察,16号院应为曹雪芹故居遗址。部分古建专家认为,具体确认曹氏故居十七间半房遗址,尚需进一步踏勘查证。(3)建议北京市、崇文区政府和文物部门,结合市、区的规划建设,在蒜市口修建曹雪芹故居纪念馆。

在此次会议上,时任中国红楼梦学会会长的冯其庸表示:"红学界都认为,把蒜市口这十七间半曹家旧宅定为曹雪芹故居,是实事求是的,这一点是没有争议的。端木老在世时亲自到蒜市口一带考察,张书才先生做了系统史料考证工作,他们都为曹雪芹故居的确认做出了贡献。广渠门内大街道路要拓宽,房屋要拆迁,我们要认认真真地把这件事办好,不失时机地重建曹雪芹故居。"

2000年10月,广安大街扩建改造工程已经推进至蒜市口16号院的周围,11月初,施工队开始全面拆除地面建筑。2001年1月1日,曹家旧宅最终化为"白茫茫一片大地真干净"。拆除过程中的考古挖掘发现,"现存前院正房3间、东西厢房各3间的基础确是清代前期所建,虽经过翻建,但格局不曾改变"。自此,蒜市口16号院基本可认定为乾隆《京城全图》蒜市口街北侧东起第三个院落之所在。①

---

① 参见红建设《蒜市口16号院房屋基础发掘纪实》,《红楼梦学刊》2001年第3辑。

在基本认定"蒜市口十七间半"为曹雪芹故居之后,《光明日报》《人民日报》《文艺报》陆续发文探讨"蒜市口十七间半"的保护问题,如王蔚在《"十七间半"曹雪芹故居遗址再成热点》[①]中回顾了曹雪芹故居发现的历史,并提出尽快建立曹雪芹博物馆,展示红学研究多年来的成果的倡议。热心于曹雪芹和《红楼梦》文化多年的北京市政协委员、民盟北京市委专职副主委宋慰祖持续十二年提出复建"十七间半"曹雪芹故居的提案建议,终于在2019年1月23日正式开工复建,宋慰祖表示:"仅仅复建一处遗址,还尚未发挥出曹雪芹的影响力。"他建议,以复建"十七间半"曹雪芹故居为基点,结合"疏整促"工作,利用好腾退空间,选址建设曹雪芹与《红楼梦》纪念馆。同时,组织开展红学研究、研学等活动,构建具有国际影响力的国家级曹雪芹与红学研究基地。[②]

[①] 王蔚:《"十七间半"曹雪芹故居遗址再成热点》,《光明日报》1999年6月24日,第2版。
[②] 参见《委员宋慰祖:建议建设曹雪芹与红楼梦纪念馆,打造国际文学打卡地》,《新京报》2021年1月20日,https://baijiahao.baidu.com/s?id=1689420168661693096&wfr=spider&for=pc,访问日期:2022年5月20日。

第二章
围绕『蒜市口十七间半曹雪芹故居』的论争

蒜市口十七间半曹雪芹故居是曹雪芹回到北京后居住的第一处场所，但在学界的相关讨论中一直存在着"崇文门外蒜市口地方"及"十七间半"具体概念的讨论。

第一节 "崇文门外蒜市口地方"的范围

早在元代之时，有一古水道名"三里河"，此河流向东而折向转南（早已湮涸，今犹存"三里河"一处地名），沿河皆当时大都（元代京城）南郊的市集，分类而聚列，如今还留存有菜市口、猪市口（后改"珠"市，已失史实）。此外，瓜市、草市、柴市等，而蒜市与榄杆市乃其最东端者。此一带，原是郊野农田，即使明代筑了外城，围入城内，也还是无法与内城相比的"简陋区"，人烟虽逐渐增密，而房屋则一概狭窄低矮，视内城大宅甲第，还不如其中之上等"下房"（呼为"群房"，奴仆所居）的规格。

一般认为蒜市口在今北京市原崇文区广渠门内大街之最西段，是由于清末命名此段为蒜市口大街。20世纪60年代，废蒜市口大街之名，以之并入广渠门大街。如今这条街是东起健康里西巷南口，西至崇文门外大街，即民国时期的蒜市口大街。①

一、学界主要的三种说法

尽管有档案线索，但"崇文门外蒜市口地方"的范围却缺少记载表述。关于这个问题，红学界主要有以下三种说法。

第一种说法是张书才提出的，他认为蒜市口街在乾隆《京城全图》中标于崇文门外大街南端东侧，是一条东西走向的小街道，路北西起崇文门外大街南端东侧，东至抽分厂南口；路南西起磁器口北口，东至石板胡同北口，长约二百米。②在这个基础上，张先生又进

---

① 在元、明时，南城有一条著名的河流叫"文明河"。在元代，崇文门叫"文明门"，而河在其南，故名文明河，这条河长约三里，故又叫三里河。文明河可以说是原崇文区的发祥地。文明河从前门外的鲜鱼口起，往东，经草厂（一至十条）、南北芦草园、三里河、金鱼池、水道子、河泊厂（东、西、南、北、中巷）、磁器口、蒜市口、榄杆市、三转桥、大石桥、广渠门流入通惠河。通惠河往东四十里流入通州大运河的北端潞河。在文明河畔，蒜市口和磁器口因北对崇文门，所以也是文明河最繁华的地方。蒜市口是卖菜的地方，因卖蒜的商贩很多，故名。在明、清时，蒜市口外的河两岸店铺林立，热闹非常。参见沈健《老北京特色街市》，知识产权出版社2016年版，第226页。
② 张书才引乾隆三年（1738）内务府档案"崇文门外栏杆市常萧房十间"、《宸垣识略》"延庆寺在缆竿市"，指出榄杆市之街名在乾隆初即已经存在，反对张秉旺蒜市口街东至南北河槽的说法——榄杆市在南河槽西侧，则蒜市口街东端接榄杆市大街，距抽分厂南口相近。兰良永、黄一农皆主此说。

一步认为，曹寅诗词中的西堂，以及"西堂南辟市为邻"而成的南轩，都在曹雪芹蒜市口故居内，故蒜市口街即"西堂南辟市为邻"之"市"，而曹雪芹故居必在蒜市口街之北。也就是说，曹雪芹蒜市口故居必符合三个条件：

1. 在崇文门外大街南口与抽分厂南口之间；
2. 在蒜市口街街北的临街位置；
3. 在《乾隆京城全图》中绘出十七间半或十八间房屋者。

查乾隆《京城全图》，符合这三个条件者，唯有蒜市口16号院（今广渠门内大街207号）。张书才认为：

这个院落临街房共是六间（包括大门），前院西半南房三间，中院北屋正房三间，东西厢房各三间，后院空旷（院内有井，或是个小花园），全院总计房屋十八间。除这个院落外，蒜市口街路北和路南的其他院落，再没有十七八间房屋者。即是说，在乾隆十年前后，蒜市口街唯有这个院的房屋间数，与曹家所居十七间半房相近，而如果这十八间房屋中有一间实为半间者，则恰与曹家回京后所居者相同。因此，设若乾隆《京城全图》所绘与雍正六年时的实际情况相一致，则这个院落当是曹家旧宅。

……（曹寅所作《南轩种竹》）既云"西堂南辟市为邻"，又云"古寺凉风挽鹿车"，所写地理环境显与内城贡院附近的曹家老宅迥别，而与蒜市口的这个院落相吻合。首先，从乾隆《京城全图》看，这座院落的前院西南角是南房三间,其北是中院的西厢房,其南临街房外即蒜市,若此三间南房称作南轩,中院西厢房称作西堂,则恰是"西堂南辟市为邻"。其次,蒜市口街西边崇文门外大街西侧,当时自北而南而西依次有白衣庵、关帝庙、泰山行宫、大慈庵……也确是"古寺凉风挽鹿车"的境界。可见,这个院落无论是房屋布局还是周围环境,均与曹寅诗中所写恰相符合。①

后来,张书才又对"半间房"做了补充说明:

"半间"之称又何所指呢?文献无征,民间则有两种说法:一说是院门过道,旧时按"半间"计算;一说是旧时迷信,以单数为阳宅(活人所居),双数为阴宅(死人所居),所以往往忌言双数而称"半间"。依据这两种说法,"房十八间"可称为"房十七间半",而"房十七间半"实际是"房十八间"。所以乾隆《京城全图》上标示的这个"十八间房"的院子,应该就是档案所载"房十七间半"的曹宅。②

第二种说法为曾保泉提出,旧居应在崇文门外香串胡同中的某一院落。在他写的《曹雪芹与北京》一书中,他提到自己曾考察过蒜市口一带,但已难以寻找确切的遗址了。"鲜鱼口、蒜市口,相距不

---

① 张书才:《曹雪芹家世生平探源》,白山出版社2009年版,第150—152页。
② 张书才:《曹雪芹家世生平探源》,白山出版社2009年版,第169页。

太远,而且档案中只笼统提到这两个地名,到底具体在什么地方,就颇难寻找了。曾有的同志在报上介绍了这十七间半具体地方,有的还言之确确,说访问了现在的房屋主人,但因某种原因,不好说这具体地方到底在哪里。"曾保泉所查找的蒜市口地方十七间半的位置,与别位所说不同,"它大约位于今天的蒜市口北,在香串胡同一带,实际在今日崇文门外偏南路西,正属'蒜市口地方'"。①

第三种说法为周汝昌所提。他认为这十七间半房应在蒜市口以南,今西利市营胡同14—16号院。周汝昌首先肯定"曹雪芹从一进京,就钦命赏住蒜市口了",并同时指出"但到现今,拐弯处已拆房打通为径直的大马路了","十七间半房我认为是一处小四合院的规格"。"这应是个独院,因为隋赫德不能让曹寅夫人李氏去住大杂院……也绝不能与汉民混在一起,这是无疑的。"在当初的著作中,周汝昌未曾指明此院确址,他在《献芹新札》中也只谈及该房的大致方位:"只有街南一面,大致还是旧房。……假如真能找着这个故居,实在是我们北京文化古迹中的一处异乎寻常的重点!"②

张元在《曹雪芹北京城内故居考证》中对上述三种说法进行了实地勘察,走访了文物局、街道居委会及当地居民,并从乾隆《京城全图》等地理资料中查对,认为曹頫关于自己在京房产的奏折里提到的"鲜鱼口",实为蒜市口之误记。从此处繁华程度来看,张书才所提蒜市口16号院是否为曹家十七间半房仍值得考虑,关于十七间

---

① 曾保泉:《曹雪芹与北京》,中国妇女出版社1993年版,第44页。
② 周汝昌:《献芹新札》,《红楼梦学刊》1983年第3辑。

半房在香串胡同之说也有待深入察考,周汝昌指出的西利市营胡同一带之说法较为可信。张元认为:"自雍正、乾隆朝时至今日,已历时二三百年。曹家十七间半老屋或已无存或无完存。不必狭义地限定于蒜市口东西二三百米的街面,而应依当年奏折文字'蒜市口地方'即蒜市口一带加以考虑,稍微扩大一下视野(当然,也不能完全脱离蒜市口附近)。在乾隆《京城全图》上,围绕蒜市口有老屋的地方不少:以其路北之东、西端有若干十几间以上的院落(其中香串胡同南口可划在内,但整条胡同尤其是北口则拟应划为崇外),其南全图上所标之大院落虽不及北面多,但并非全为空旷的诸如车马店之所在。其稍南的马尾帽、利市营等胡同仍有较稠密的院落,再南才较荒僻。所以,旧宅之所在不必只限定于一般所认为的北面而忽略了南面。即使就目前所能见到的资料仍无法考定十七间半房的确切地址,也不妨在有关地方择一处象征性地辟为曹雪芹故居纪念馆,或重建十七间半老屋或立碑以示纪念。因为蒜市口的确为曹雪芹进京来的第一处故居,这是有明文记载,确凿无疑的。"①

二、学界其他人对"崇文门外蒜市口地方"的探讨

除了以上三种主要说法之外,数十年来先后有张秉旺、兰良永、

---

① 张元:《曹雪芹北京城内故居考证》,《北京教育学院学报》1995年第4期。

黄一农、杨泠、胡铁岩等人提出不同看法。①

兰良永认为张书才的看法是比较有代表性的，但也存在三个问题：一、人为缩短了蒜市口街的长度，横向压缩了考察范围；二、误引无关的"西堂南辟市为邻"，纵向压缩了考察范围；三、对"半间房"的解释不适用，从房间数量上压缩了考察范围。②因此，兰良永引吴长元《宸垣识略》卷九中"泰山行宫在蒜市口"的记载——在乾隆《京城全图》中，泰山行宫位于"蒜市口街"西，与张书才所谓蒜市口街位于"崇文门外大街南端东侧"不合；又引《钦定大清会典则例》（乾隆）卷一百四十九"南城粜米官房二所，一设崇文门外蒜市口香串胡同内"，认为蒜市口大街应包括崇文门外大街南端西侧部分。

黄一农则引美国国会图书馆藏《京城全图》（乾嘉时期绘制）"蒜市口"三字书于崇文门外大街南口以西第一和第四个胡同中间，认为蒜市口街应从崇文门外大街南口向西至少延伸三至四个胡同。黄一农还引前兰文泰山行宫、南城粜米官房在蒜市口记载并《钦定大清会典则例》"兴隆庵饭厂……在崇文门外蒜市口西利市营"，指出：

"蒜市口地方"应是指以蒜市口为核心的区域，东南可至直线距

---

① 张秉旺《红苑杂谈》收录《雪芹故居何处寻——〈曹雪芹蒜市口故居初探〉辨析》《"蒜市口十七间半"补说》《鲜鱼口与曹家》，军事谊文出版社2007年版。兰良永《曹雪芹蒜市口故居再议》，《曹雪芹研究》2014年第3期。黄一农《曹雪芹"蒜市口地方房十七间半"旧宅新探》，《红楼梦研究辑刊》2015年第10辑。杨泠《曹家蒜市口旧宅新考》，《红楼梦研究（壹）》，2017年。胡铁岩《曹雪芹"十七间半"家宅位于崇文门外大街路西考》，《北方工业大学学报》2022年第3期。

② 参见兰良永《曹雪芹蒜市口故居再议》，《曹雪芹研究》2014年第3期。

离约 200 米外的兴隆庵（在西利市营胡同东端之路南），往西亦包含关帝庙、泰山行宫、香串胡同（即香串儿胡同）。也就是说，"蒜市口地方"的范围应远大于先前红友们的认知。①

杨泠则引《光绪顺天府志》卷十四"广渠门大街，即南大街，俗称沙窝门大街。迤西至崇文门街者曰缆竿市（榄杆市），俗称阑干市，井一"，指出：

《光绪顺天府志》是在《康熙顺天府志》基础上修订的。一直以来，崇文门外大街南端东侧，即广渠门大街西端，"榄杆市"的称谓从未改变。由此可见，清朝时期的"蒜市口"，只能是崇文门外大街南端以西街段。乾隆《京城全图》上的"蒜市口街"，也标注在崇文门外大街南端西向地段。②

杨泠又引《清高宗实录》"乾隆五十四年十月初八"条皇帝谕旨："闫正祥等奏，拿获夹带腰刀、火药之车夫田四海等，讯据系由蒜市口凭河南店店户杨六说合装载"③，指出此河南店"凭河"（河当指与广渠门大街并行的漕河），说明蒜市口地方当指一片区域。

以上诸家根据自己对"蒜市口地方"的理解，框定了蒜市口地

---

① 黄一农：《曹雪芹"蒜市口地方房十七间半"旧宅新探》，《红楼梦研究辑刊》2015年第10辑。
② 杨泠：《曹家蒜市口旧宅新考》，《红楼梦研究（壹）》，2017年。
③ 《清实录·高宗实录》卷一四三，中华书局1986年版，第1173页。

方的范围，在这一范围内寻找一所十七间半的院落，得出了完全不同的结论。也就是说，诸家讨论的焦点在于："蒜市口地方"到底包括哪一范围，在这一范围内，是否有一合乎十七间半房屋的院落？① 讨论的焦点在学人对"蒜市口地方"这五个字的理解。据此，樊志斌在《蒜市口　蒜市口大街　蒜市口地方：谈曹雪芹崇外故居研究中的几个概念——兼及曹雪芹的北京城市交游、成长与纪念》一文中提出"蒜市口地方"范围的确定，才是寻找曹雪芹崇外故居的关键所在。这一研究主要取决于几个前提：

1. 以《乾隆京城全图》为基础依据，以其后地图为参照，不得以后图记载的差异，否定前图的记载，尤其是以后期简单手绘图为基础依据；

2. 搞清楚蒜市、蒜市口、蒜市口地方的相对明确的位置和范围；

3. 雍正八年（1730）北京地震后，蒜市口地方曹家院落重修并未改动地基。②

实际上，就是由于乾隆《京城全图》上只标识了"蒜市口

---

① "张书才、张秉旺、兰良永把研究焦点放在蒜市口街的长度界定和范围内十七间半院落的寻找上，而黄一农、杨泠则把研究焦点放到'蒜市口地方'区域面积的范围界定和范围内十七间半院落的寻找上。"樊志斌：《蒜市口　蒜市口大街　蒜市口地方：谈曹雪芹崇外故居研究中的几个概念——兼及曹雪芹的北京城市交游、成长与纪念》，《北京文博文丛》2018年第3期。

② 雍正八年（1730），北京发生300年来最大规模的地震，房屋损毁数万间，蒜市口地方的曹家故居此后的修复情况如何——房屋基址是否有过改动，与地震前区别多大，是曹家崇外故居精确寻找的基础。

街"——正对着崇文门外大街南口,并未标明"蒜市""蒜市口""蒜市口地方",正是由于这一原因,才引发了诸家对"蒜市口地方"理解上的差异。① 还有一种阐释是学人从"当时地理环境以及蒜市口周围胡同的产生演化规律方面"考察,认为"蒜市口这块地方,元代是郊区。它的发展是在明代。特别是嘉靖以后,附近逐渐形成一些作坊和居民点,后来发展成胡同。到清代这里已渐渐繁华了。打开清代地图,发现蒜市口附近胡同名字似乎和军队及军工生产有关。这里有兵营,如高丽营、力士营、朱营、中营等。有生产包头布的作坊(包头胡同)。工人用织机纺织军士包头布。古人蓄长发,一生不洗头,只靠篦子梳理。军务繁忙,军士无暇梳理,用包头布将头发包住,保持整洁。这是当时军队装备。缨子胡同,是生产军马璎珞作坊集中之地。还有手帕胡同,是用织机生产面巾的,供军士(含民间)使用。这里到处是织机在从事织造生产。今蒜市口 207 号院后身一带乾隆年间是个军事衙门,名'中营参将'。而曹家祖上清初从龙入关,当过小军官。曹家任江宁织造历三代,正是管理织机、组织织造生产活动的。这和蒜市口似乎有一定因果关系"②。

---

① 嘉庆五年(1800)的《京城内外首善全图》上标有"蒜市"字样,道光五年(1825)的《京城全图》上则标有"蒜市口"字样。两相比较,可知蒜市当位于三里桥、崇文门外大街南端之间偏东处,而蒜市口则是指蒜市东端的一处较大的空地,如其南侧的磁器口,而所谓"蒜市口地方"则是以这个规模庞大的蒜市、蒜市口为中心的周边一片区域,南至西利营,北至香串胡同、石虎胡同一带,甚至更远,而且不排除在实际运用中与以上诸家讨论的榄杆市、抽分厂、三里河涵盖范围交叉,甚至涵盖以上范围——盖周边地区其他景物不若蒜市规模庞大或者著名,故民间泛指蒜市口一带。
② 张克刚:《曹雪芹蒜市口故居考》,《团结报(北京)》2000 年 4 月 20 日,第 4 版。

胡铁岩在中国第一历史档案馆查得两件与"蒜市口地方十七间半"相关的档案资料。根据这两件档案资料，并采用清代北京三级市政管理区域定位法，对曹雪芹家"蒜市口地方十七间半"房产的具体位置进行了重新界定，他提出"曹家'蒜市口地方十七间半'房产的具体位置在北京崇文门外大街路西香串胡同一带，隶属于南城正东坊第三铺"的新观点。①

三、"鲜鱼口空房"与"蒜市口地方"

据康熙五十四年（1715）七月十六日曹頫《江宁织造曹頫覆奏家务家产折》所载：

> 窃奴才自幼蒙故父曹寅带在江南抚养长大，今复荷蒙天高地厚洪恩，俾令承嗣父职。奴才到任以来，亦曾细为查检，所有遗存产业，惟京中住房二所，外城鲜鱼口空房一所，通州典地六百亩，张家湾当铺一所，本银七千两，江南含山县田二百余亩，芜湖县田一百余亩，扬州旧房一所。……②

奏折中即提到"外城鲜鱼口空房一所"，雍正五年（1727）曹頫

---

① 参见胡铁岩《曹雪芹"十七间半"家宅位于崇文门外大街路西考》，《北方工业大学学报》2022年第3期。
② 故宫博物院明清档案部编：《关于江宁织造曹家档案史料》，中华书局1975年版，第131—132页。

被抄家,他被"枷号催追"。曹家的产业都赏给了继任者隋赫德,"后因隋赫德见曹寅之妻孀妇无力,不能度日,将赏伊之家产人口内,于京城崇文门外蒜市口地方房十七间半、家仆三对,给与曹寅之妻孀妇度命"①。于是曹雪芹随全家迁到了蒜市口。但在这里就出现了一个问题,原本奏折中并未提到"蒜市口地方房十七间半",仅提及"惟京中住房二所,外城鲜鱼口空房一所",且"蒜市口地方房十七间半"在地理分布上看,也并非"京中住房二所"之一。因此有学者推断或许是隋赫德的"李代桃僵"之计,将自家的"蒜市口地方房十七间半"顶替了曹家鲜鱼口的"空房一所"。赵书在《满族习俗与蒜市口曹雪芹故居》一文中认为虽然奏折中提到了"鲜鱼口空房",但在此之后曹家也有可能在蒜市口置房。原因如下:

广渠门属汉军正白旗辖守的地方,雍正二年四月奏准在广渠门内东边空地三段,盖房四十间,计十一座。(八旗通志439页)曹雪芹家虽属满洲正白旗,但也不能排除与汉军正白旗的亲密关系,何况当时正白旗汉军第二参领第三佐领是曹炘,(八旗通志第253)很难说与曹雪芹有没有同姓联宗的关系。据周汝昌先生在《曹雪芹小传》一书中的分析,曹家在内城住房有两处,一处在西华门北,另一处在崇文门内贡院附近,名曰芷园。②

---

① 中国历史第一档案馆:《新发现的有关曹雪芹家世的档案》,《历史档案》1983年第1期。文末注史料编选者为:张书才、王道瑞、俞炳坤。
② 赵书:《满族习俗与蒜市口曹雪芹故居》,《满族研究》1999年第4期。

据此，赵书认为，"芷园到蒜市口十七间半房，一处在崇文门里，一处在崇文门外，相距较近。崇文门外是清代洗染作坊集中的地方，在这里若办理从江南运来的白匹丝绸染色加工十分方便，曹家有可能在此置房安排下人或工匠住宿并办理有关事宜"①。

而对于一些学者提出由于"满汉分居"，曹雪芹不可能住在"地处外城的蒜市口地方"的观点，赵书提出：

关于满汉分居，是顺治五年（1648）八月谕户部等衙门曰："京城汉官、汉民，原与满洲共处。近闻劫杀抢夺，满、汉人等，彼此推诿，竟无已时。似此光景，何日清宁。此实参居杂处之所致也。朕反覆思维，迁移虽劳一时，然满汉皆安，不相扰害，实为永便，除八固山投充汉人不动外，凡汉官及商民人等，尽徙城南居住。其原房或拆去另盖，或买卖取偿，各从其便。……"②

当时内城的满洲人均是披甲之兵，满汉分居，实际上是兵民分居，北京的内城由八旗分驻，成了一个大兵营。以后八旗人口日繁，但进京时约12万的兵丁额度不变，于是有的多余之人口重编佐领发到外地驻防营，有的去关外屯垦实边，有的成为闲散兵丁。除外城八旗驻军外，内城的各城门外也有驻军，如崇文门外法华寺街就是满洲正蓝旗营房，至今仍可清晰地看到当时营房的格局，保留营房的名

---

① 赵书：《满族习俗与蒜市口曹雪芹故居》，《满族研究》1999年第4期。
② 赵书：《满族习俗与蒜市口曹雪芹故居》，《满族研究》1999年第4期。

称。"曹雪芹一家回到北京,他们这一支曹姓原属已外派之人……他们本没有资格在内城居驻,安置到外城按余丁对待是情理之中的事。他们没有满洲八旗内的职务,不是披甲旗人,因此不存在与汉民满汉分居问题,完全可以住到外城蒜市口'十七间半'的院子里。"

杨泠《曹家鲜鱼口旧宅初探》① 一文认为之所以会出现种种分歧观点,主要是对家产折里京中所指区域的理解不同而造成。有研究者认为,京中指内城,曹𫖯折中京中住房二所都在内城,外城则只有鲜鱼口一所空房,再出现蒜市口十七间半旧宅,似乎就没有道理了。而问题的关键,则是对于"京中"的理解。

京中在汉语词典中的解释:

1. 基本解释

京城里,此指北京。如:京中有善口技者。——《虞初新志·秋声诗自序》

2. 分开解释

京——国都(现指北京):京城,京师,京都。

中:中心,当中。

再搜查自唐宋至明清诸多文学作品中,"京中"一词出现的次数不可胜计,文中词义皆指京城,只是不同朝代所指的城市不同而已。

自明成祖永乐十九年(1421)迁都北京至今,京城便成为北京

---

① 此文为杨泠未刊稿《曹家鲜鱼口旧宅初探》,特此说明。

的代名词。清代前期,即顺治元年(1644)至道光二十年(1840)间①,北京被称作"京师"。

在此列举曹寅《楝亭集》中,关于京中、京师的两例描写。

卷一第九首《人日和子猷二弟仲夏喜雨原韵》末句"共看灵湫彻底清"后有诗注:

京中初夏游乌龙潭为盛事。②

第五十六首《月夜抒怀》其二首句"连雨团圆节"后亦有诗注:

京师以中秋夜为团圆节。③

诗注京中、京师皆指北京城,若作内城解读就有些不妥。

而从城属区划和管理分析,明朝于嘉靖三十一年(1552)外城筑成后,将内、外城合二为一,划分为中、东、西、南、北五城,分别由五城兵马司指挥管理。清朝则是将内、外城各自分为五城,依旧由五城兵马司管理。④二者没有本质区别,都是将内、外城视为一体。京城应是内城和外城之和,内城只是外城未建之前的旧京城。外城建成后,不排除习惯上将内城称作京城,但不是规范称谓。特别是官方

---

① 参见邓亦兵《清代前期北京房产市场研究》前言,天津古籍出版社2014年版,第6页。
② 曹寅:《楝亭集·楝亭诗钞》卷一,上海古籍出版社1978年版,第27页。
③ 曹寅:《楝亭集·楝亭诗钞》卷一,上海古籍出版社1978年版,第60页。
④ 参见乾隆《钦定日下旧闻考》(影印本)卷五十五,第1页。

文书,不可能沿用过去俗称。

曹频家产折中的"京中"和"外城",不是并列关系,而是隶属关系,京中包含内城和外城。折中"住房"和"空房"是主体,京中、外城只是房产的归属地。经以上分析,杨泠认为,"内务府关于蒜市口地方曹宅的档案,是真实可信的,蒜市口与鲜鱼口之间不存在讹误问题。京中住房二所,其一在内城,其二是蒜市口十七间半曹宅。再加上鲜鱼口曹宅,曹频时期曹家在京房产有三所"。

在北京风物传说中也流传着与鲜鱼口有关的故事。如《鲜鱼口的由来》一则:

在老北京城,提起鲜鱼口这个名字,很多人都不陌生。有一副将北京地名串在一起的对联:花市草桥鲜鱼口,牛街马甸大羊坊。其中的"鲜鱼口"说的就是它。

鲜鱼口,是北京城一条非常有名的胡同,位于北京市前门大街的东侧,东起长巷头条与西兴隆街相接处,西至前门大街,与大栅栏儿隔街相望。那里有很多老字号,如天成斋鞋店、联友照相馆、长春堂药店、便宜坊、马聚源帽店等,每天人来人往、车水马龙,好不热闹!

据说,鲜鱼口的历史非常久远,于元明时期就已经存在。因此民间有"先有鲜鱼口,后有大栅栏儿"的说法。

关于鲜鱼口的名称由来,有一个传说呢!

据说,鲜鱼口原来的名字叫作线市口,因为当时的街上买卖针头线脑的人特别多,因此有了这个名字。后来到了清朝末期,买卖针头线脑的人少了,而买卖鲜鱼的人反而多了起来,每天从清晨起,各种叫卖鲜鱼的声音传遍大街小巷,可谓人山人海。

有一天,住在街附近的一个老头儿从这儿买了一条活鲤鱼回家。刚到家,老头儿就把这条鲤鱼放进了水缸里。在水缸里游泳的那条鲤鱼非常漂亮,全身发出一种金色的光,老头儿见了,非常喜欢它,竟然舍不得杀掉吃了,于是就让鲤鱼在缸里待了一夜。

第二天,老头儿的女儿来看他,他便领女儿走到水缸那里,一起看那条漂亮的鲤鱼。可是,到水缸那一看,老头儿就愣了:哪里有鲤鱼的影子啊,只见水缸里堆着大半缸的金子。

老头儿见了,又惊讶又惊喜,心想:我这算碰着鱼仙了。为了感谢鱼仙的馈赠,老头儿每天都会抽出一些时间到线市口买条鱼。他买了鱼也不吃,只是将它们放生到正阳门箭楼前的护城河里面。

就这样过了一段日子,周围的老百姓都听说了老头儿的这件奇事儿,也都纷纷效仿老头儿,买来鱼进行放生。从此以后,这里买卖鱼的人越来越多,人们便改线市口为鲜鱼口。

如今,老北京人中间流行着这样一首诗:"线市衰弱鲜鱼兴,老者救鱼回龙宫。水族何有团圆日?金银到手鱼放生。"讲的就是发生在老头儿身上的这件奇事儿。①

《老北京述闻・传说故事》中还记载了一则《大火烧了鲜鱼口》的故事:

---

① 张卉妍编著:《老北京的趣闻传说》,江西美术出版社 2019 年版,第 79—80 页。

前门大街中段，西有大栅栏，东有鲜鱼口。如今一说鲜鱼口，人们就会说："小吃一条街嘛！"

鲜鱼口原本可不是这样的，如今是变了味的鲜鱼口啦！这里曾经是买卖云集、热闹非凡的地方。什么黑猴毡帽店、马聚源帽店、天成斋鞋店、便宜坊烤鸭店、会仙居和天兴居炒肝店、正明斋饽饽铺、长春堂药店、兴华园浴池、天乐园大戏院……全都聚在这条不长的街巷里。

明朝这里卖鲜鱼的人居多，形成了有名的北京城最大的鲜鱼市场，起初这里叫"鲜鱼巷"，后改叫"鲜鱼口"。至于为什么如此改名，这其中有这样一个故事——

这里有一座火神庙，因为年久失修已经破烂不堪了，里面供奉的黑头红脸的灶王爷（也称火神爷）更是灰头土脸脏兮兮的，好长时间没有人搭理他了。外面市场的叫卖声不断传入他耳中。

这一天，火神爷说什么也坐不住了，他自言自语地叨唠："我天天在这里保佑着大家免遭邪火祸害；要是没有我，这里早就被邪火烧得片瓦无存了。这破庙也没有人给修一修……"

无巧不成书，这时来了一位香客进香，并敬献了几个火烧和几条鲜鱼摆在了积满尘土的供桌上。

香客走了以后，火神爷想：我何不把这些供品摆个摊儿卖掉换成钱，有了钱才能修庙才能给我重塑金身呀！于是他走下牌位，摇身一变，成了一个卖货的老头儿。他拿着火烧和鲜鱼来到街口，摆上摊儿，大声吆喝着："鲜鱼——大火烧！鲜鱼——大火烧！"听到吆喝，大家围过来看，原来是个身穿破衣，黑头红脸，浑身散发着土腥味的脏老头儿,根本没人买他的东西。

第二天,火神爷又出来了,摆上干巴巴的火烧和散发着臭味的鱼,他依然叫卖着:"鲜鱼——大火烧!鲜鱼——大火烧!"自然还是没人买的。

第三天,火烧干得不像样了,鱼臭得让人看了都恶心,他还喊叫着:"鲜鱼——大火烧!……"一直这样喊着,到了第六天头上,火神爷回到庙里,长叹口气,就听呼的一声,一股神火从他口中冒出,直喷到庙外。不一会儿,大火蔓延开来,从街口烧到街尾,连烧了三天三夜,把原本繁华的街巷烧成了一片废墟。

大火过后,人们发现了一件怪事,火神庙依然完整地存在。进庙里看到了几个干火烧和几条臭鱼,大家恍然大悟:那个摆摊卖大火烧和鲜鱼的老头儿是火神爷下凡啊!他不是一个劲儿地提醒大家"鲜鱼——大火烧!"吗?

于是,人们连忙向火神爷磕头,大家纷纷集资募捐,给火神爷重修庙宇,让他继续保佑大家。很快,火神庙焕然一新,火神爷披金挂银威风凛凛地坐在那里,享受着人们的香火……①

鲜鱼口成市已有 570 多年历史,明代原名"鲜鱼巷",属正东坊,清代始称"鲜鱼口"。相传,鲜鱼口街道走势弯曲不直,又不太宽,一般的宽度是 3 米左右,最宽的地方也超不过 5 米,新中国成立前完全是土路,晴天刮风满街灰尘,雨天和泥。这不长的 1.5 千米

---

① 杨劭劼编著:《老北京述闻·传说故事》,北京出版社 2021 年版,第 58—59 页。

路可不是都叫"鲜鱼口",有8个名称——由西头说起,鲜鱼口、小桥胡同、新者柏胡同、梯子胡同、崇真观、西兴隆街、东兴隆街、木厂胡同。后来三里长街的8个地名在1965年已撤销了5个,就把鲜鱼口延长了,兴隆街只分东兴隆街和西兴隆街了。现在的祈年大街的西侧便道,就是原南官园的位置。

历史上鲜鱼口街一带商贾云集,汇聚了北京著名的老字号、餐馆、零售店铺、戏园、浴池、茶楼和众多手工艺作坊,如大众戏院、正明斋饽饽铺、长春堂药店、天兴居、兴华池、便宜坊、都一处、天成斋鞋店、联友照相馆、黑猴百货店和马聚源帽店。

《京尘杂录》一书中说:"旧时档子班打采,多在正阳门外鲜鱼口内天乐园。"天乐园即后来的大众剧场,在小桥胡同以东,便说明旧时鲜鱼口是延续至天乐园一带。天乐园两侧分别有著名的药店长春堂和饽饽店正明斋。天乐园最早开在明嘉靖年间,是北京最老的戏园子之一。长春堂开在清乾隆年间,是当年和同仁堂、鹤年堂并列的京城三大药店之一。正明斋开在清同治年间,以慈禧太后和张学良将军以及郝寿臣等一帮艺人爱吃的满人糕点而出名。

2004年,鲜鱼口街就被列为北京市25片历史文化保护区之一。鲜鱼口街上的豆腐巷、关帝庙、肉市、布行、抄手胡同也如过去一样,依然人来客往,异常热闹。2011年5月8日,鲜鱼口重新开街。修缮后重新开业的北京鲜鱼口街,以"鱼"为元素的各色装饰、设施尤其生动抢眼。鲜鱼口街东口立起一座鱼形花门,两条硕大的"鲤鱼",红体金鳞,高高跃起。街西"鲜鱼口"铁艺楼牌上悬挂黑底金字匾额,上书"老字号美食街",高高悬挂大红灯笼。在鲜鱼口与布巷子胡同交会口，搭建了一座"鱼跃龙门"造型，色调红黄搭配。街区内的各色砖雕、井盖、城市家具、路灯均以"鱼"为主题。路面铺装全部采用黄金麻荔枝面石材，做水波鱼鳞状铺装。街区内老字号餐馆挂上的各式招幌，颜色鲜亮，迎风招展。古香古色的字号牌匾、抱柱楹联和景泰蓝材质的文化志牌把整条街区装点得越发古朴雅致，凸显民族风格、历史文化和北京特色。开街当日开市的商家包括便宜坊烤鸭旗舰店、天兴居炒肝、锦芳小吃、永沣莜面、烤肉季、金糕张、天源酱园、炸糕辛、力力餐厅、锅贴王等。稍后开业的还有峨嵋酒家、吴裕泰内府菜、稻香村、黑猴百货店、兴华园浴池等。①

胡铁岩则认为"蒜市口"作为一个地名，本身并没有什么难以理解的，但与其他词语组合使用时所构成"蒜市口+某处"的词语结构时，其在具体使用语境中的含义就有了显著的差异，需要具体辨析了。与"十七间半"问题相关的"蒜市口+"的词语构成有两种情况，一是"蒜市口+地方"，二是"蒜市口+某具体地名"。

（一）"蒜市口+地方"

"地方"一词，含义十分广泛。但作为城市中的地名，根据《钦定大清会典则例》等文献记载，其含义主要是指某一级市政管理的辖区。《钦定大清会典则例》（乾隆）卷一百四十九：

凡城内地方，分隶五城者，或凭以墙垣屋址，或凭以胡同曲折，

---

① 参见沈健《老北京特色街市》，知识产权出版社2016年版，第56—59页。

犹可细按基址，划明界限，至城外乡村与州县接壤者，地势辽阔，虽有四址册可稽，但未建立界牌，难为凭据。一遇命案事件，往往互相推诿。令五城将城内所辖地方，旧有基址界限者，再行清理，按界分管，其所辖城外乡村与州县接壤之处，按旧造四址清册，公同勘定，建立界碑。

同卷在记载东城朝阳坊地界各铺时，亦多次使用"地方"一词：

第三铺系东便门外地方。东至二闸与大兴县交界，南至运粮河与崇南坊交界，西至大市街路西与中城交界，北至新桥与北城交界。第四铺系朝阳门外地方。东至大王庄与大兴县交界，南至皇姑庵与三铺交界，西至朝阳门外城墙止，北至朝阳庵南墙与五铺交界。第五铺系东直门外地方。东至二里庄与大兴县交界，南至朝阳庵北墙与四铺交界，西至东直门外城墙止，北至东直门大街与崇南坊交界。

十分明确，这里的"地方"一词不是指单一的具体街道。第一段引文中的"城内地方"和五城"所辖地方"指城一级的管辖范围。在第二段引文中的"地方"一词，是指"铺"一级的管辖范围。

（二）"蒜市口 + 某具体地名"

见诸各种地方志类文献。近些年来，先后有兰良永、黄一农、杨泠、樊志斌、刘天地等五位学人撰文举例证明，"蒜市口"并不仅限于张书才所主张的崇文门外大街南端东侧横街上。所举例子主要有四个：

例1 《钦定大清会典则例》（乾隆）卷一百四十九：

东城粜米官房二所：一设崇文门外小市口东，指挥管理；一设朝阳门外会芳楼之东，副指挥管理。南城粜米官房二所，一设崇文门外蒜市口香串胡同内，指挥管理；一设广渠门内阑杆市街，副指挥管理。

例2 《钦定大清会典则例》（嘉庆）卷一百三十五：

东城饭厂二：一设朝阳门外海会寺，副指挥使散给；一设崇文门外蒜市口西利市营兴隆寺，吏目散给。南城饭厂二：一设广渠门外积善寺，副指挥使散给；一设三里河安国寺，吏目散给。

例3 吴长元辑《宸垣识略》卷九：

关帝庙在蒜市口。

例4 吴长元辑《宸垣识略》卷九：

泰山行宫在蒜市口。

这里涉及四个地名：香串胡同、西利市营、关帝庙、泰山行宫。

根据相关地方志和地图，四处距离相隔很远，涉及范围较大，且都不与崇文门外大街南端东侧横街发生交集。

乾隆十四年十二月：为钦天监监正何认买崇文门外蒜市口黄国才入官房间不敷银两于乾隆十五年四月内赴库交纳事致总管内务府为交纳房价事。

乾隆十三年十二月内准总管内务府文开，据钦天监咨称：管理本监事务工部左侍郎何□前在增修时宪算书馆总裁任内，指伊弟中官正何国宸之俸，认买崇文门外蒜市口所有黄国才入官房六十四间半，价银壹仟壹佰肆拾两。自乾隆六年春季至乾隆十三年秋季，将伊每季正俸银陆拾两已经咨呈户部坐扣八年，共扣过银□百陆拾两，尚不敷银壹佰捌拾两，理应限内完结。但管理本监监正事务工部侍郎何□现在革职留任，未领俸银，相应咨呈总管内务府转交库银展限一年，于乾隆十四年内交纳内库，完结换照，等因前来。查得钦天监监正何□从前承买官房，价银已由户部坐扣完结，尚余剩不敷银壹佰捌拾两理应于原限内完结交纳，但该监咨称何□现革职留任，未领俸银，请展限一年完结交纳等语，即照该监所请，咨行该监将此项银两务于次年内如数追催交送内库等因在案。查管理本监监正事务工部左侍郎何□所有承买官房不敷银壹佰捌拾两，理应本年如数交纳，但革职留任之案尚未开复，仍未关领俸银，今先凑办银壹佰两赴库交纳，相应咨呈。总管内务府兑收。其余不敷银捌拾两，统于明年四月内赴部交纳完结，换照可也。须至咨呈者，右咨呈总管内务府乾隆十四年十二月　日。

这件档案文献的时间为乾隆十三年（1748），比绘成于乾隆十五年（1750）的乾隆《京师全图》还早两年。这件档案中所说的蒜市口"六十四间半"，在张书才所说的崇文门外大街南端东侧横街上没有找到，在其周边更大范围也没有找到，这进一步说明，蒜市口不可能局限于一条小街，其所涉及的是一个较大的地域。

据此，胡铁岩考证蒜市口在崇文门外大街路西。"蒜市口＋某地"这种前后两词都是地名的词语结构，前后两词的含义是前主后从的隶属关系。从例1"崇文门外蒜市口香串胡同"、例2"崇文门外蒜市口西利市营兴隆寺"的语句表达关系看，香串胡同与西利市营均隶属于蒜市口。蒜市口是比香串胡同、西利市营级别更高的市政管理机构。

四、"右翼宗学"相关讨论

位于小石虎胡同的右翼宗学①，是曹雪芹在北京"有据可查"的六处"遗迹"之一，其所据就是敦诚的《寄怀曹雪芹（霑）》一诗。1957年，吴恩裕在《曹雪芹和右翼宗学——"虎门"考》一文中指出"敦诚在《寄怀曹雪芹（霑）》诗的'当时虎门数晨夕'一句中所用'虎门'一词意为宗学，且特指右翼宗学"，并在《懋斋诗钞》和《四松堂集》中找出了八条证据来论证这一观点，从而证实了曹雪芹

---

① 右翼宗学：清八旗分为左、右翼；镶黄旗、正白旗、镶白旗、正蓝旗为左翼；正黄旗、正红旗、镶红旗、镶蓝旗为右翼。隶属右翼的满族子弟入学学习的地方，谓之右翼宗学。

确实曾在右翼宗学任职。① 吴恩裕还在此文中根据口碑传说和文字材料进一步推断出了曹雪芹在右翼宗学任职的具体时间和工作内容。在这篇文章发表后,不仅"'虎门'一词特指'右翼宗学'"成为定论,文章中所论证的曹雪芹曾在右翼宗学任职的观点也成为曹雪芹生平经历中一件重要可靠的事实。这是吴恩裕对曹雪芹生平经历研究所做出的重大贡献之一。

关于右翼宗学的具体位置,吴恩裕在《曹雪芹和右翼宗学——"虎门"考》一文中根据《宸垣识略》里的相关资料,认为是在绒线胡同。1964 年,周汝昌在其《曹雪芹》一书中言:

> ……朱一新《京师坊巷志稿》……"宣武门大街"条云:"右翼宗学,旧在瞻云坊北,今移绒线胡同。"按瞻云坊北,即指西单牌楼以北的石虎胡同。②

即周汝昌认为右翼宗学起先在西单牌楼以北的石虎胡同,后来才移至绒线胡同。

吴恩裕参考周汝昌的说法,在 1972 年对《曹雪芹和右翼宗学——"虎门"考》一文进行了修改,将右翼宗学在绒线胡同改为小石虎胡同。③ 因此,虽然吴恩裕最先对"右翼宗学地址"进行了考证,但将其落实为小石虎胡同则归功于周汝昌。1992 年,杨乃济发

---

① 参见吴恩裕《曹雪芹丛考》,上海古籍出版社 1980 年版,第 80—99 页。
② 周汝昌:《曹雪芹》,作家出版社 1964 年版,第 98 页。
③ 参见吴恩裕《曹雪芹丛考》,上海古籍出版社 1980 年版,第 88 页。

表了《右翼宗学遗址考辨》[①]一文。文章首先依据周汝昌《红楼梦新证》、吴恩裕《曹雪芹丛考》这两本书中收录的右翼宗学遗址照片进行实地查找,找出照片中的右翼宗学在1992年是中央民族学院附中的校舍。随后,杨乃济通过对民院附中校舍的实地考察,又对照中国第一历史档案馆所藏的相关档案、地图和乾隆《京城全图》,进一步指出民院附中校舍其实是由两处独立的宅院组成,西边宅院应为乾隆朝的贝子绵德府,东边宅院至小石虎胡同东口可能是右翼宗学遗址。

宗学建筑历史,最初见诸记载为《花村看行侍者谈往》:

董心葵,名廷献,武进人,偶过石虎胡同,有延陵会馆,门欹墙缺,心葵私计曰:此奇货可居也。乃罄其三千金,饰除整饬焉。时周宜兴将介枚卜,敦请而奉为主室,始而骇,继而感,后则安焉。敬之爱之尊之信之,千金万金之托,一言九鼎之信,内外事委任而授教焉,此真奇贾哉。

崇祯十五年(1642),北兵进口,一日曾陷二十六名城,周延儒惊骇失措,延僧道百人建大法道场于石虎胡同口,诵《法华经》第七卷。此见计六奇之《明季北略》[②]。纪晓岚《阅微草堂笔记》之《如是

---

① 杨乃济:《右翼宗学遗址考辨》,载北京历史考古丛书编辑组编《北京文物与考古》(总一辑),北京历史考古丛书编辑组,1983年,第176—187页。
② 《明季北略》,清初计六奇撰。二十四卷,记晚明史事。取材或凭传闻,但采取颇广,可资参考,继而有《明季南略》。

我闻》^①云：

　　文达之前，为右翼宗学，宗学之前，为吴额驸府，吴额驸之前，为前明大学士周延儒第。越年既久，又窈窕闳深，故不免时有变怪，然不为人害也。厅事西小屋两楹，曰好春轩，为文达燕见宾客地，北壁一门，又横通小屋两楹，僮仆夜宿其中，睡后多为魅异出，不知是鬼是狐，故无敢下榻其中。

　　按：北屋之最高大者即一大厅一正房。大厅之西小屋两楹，即裘文达^②之好春轩，大厅之东亦小屋两楹兼一通往正房之过道。正房五间，院落宽敞，植有海棠、紫藤、朱柿、红杏、玫瑰等花木，再往后院即后罩房。后罩房后面原有楼房一座，但早已坍塌成一土山，山之周围桃柳榆槐，颇有园林小景。其西墙紧邻毓公府，其东墙外即果匣子胡同。这就是宗学旧址的大概旧局。

　　右翼宗学既成为裘曰修之赐第，宗学即迁往宣武门内绒线胡同（民国初年之警察医院）。曹雪芹原在右翼宗学供职，宗学迁址后继续在宗学供职，寄居旧刑部街一亲戚家，距宗学不远。闻曹养舟^③前辈

---

① 《阅微草堂笔记》，笔记小说集，清乾隆时人纪昀（纪晓岚）作，分《滦阳消夏录》《如是我闻》《槐西杂志》《姑妄听之》《滦阳杂录》五种，共二十四卷。内容多为鬼怪神异故事，间杂考辨。
② 裘文达，即裘曰修，江西新建人，清乾隆时进士，历官礼、刑、工三部尚书。死后谥号"文达"。
③ 养舟亦汉军旗，擅岐黄，嗜酒爱花，对于清朝掌故颇为熟悉。抗战胜利后始病故，年已八十余。

云：曹雪芹在宗学充一书手，任抄胥工作，其后何时迁住西郊，不知其详。

养舟前辈又云：果匣子胡同有大杂院，有一住户哈姓者，以扎风筝出名，不特彩绘工细，扎工亦极有研究，清末曾在巴拿马赛会获奖。"据闻曹雪芹在宗学时，公余之暇，即至哈姓家，指点其如何扎架，如何彩绘。哈姓得传其技，数代以此为业，每届春节厂甸时，必设肆陈列各种风筝出售，人皆以'哈把风筝'呼之。"① 张嘉鼎搜集整理《曹雪芹的传说》中收录《放风筝》一则亦与曹雪芹扎制风筝相关：

按满洲旗人的规矩，每六年举行一次"笔试"，也就是考核，谁能考上"生员"，或"武举"，就可以在本旗当差或拨进京去做官了。可是乾隆七年改为十二年一举，并颁布了十二经二十一史给全国各地。要求将军、府尹会同盛京（沈阳）和顺天（北京）宗学总管稽考，分生员、举人、拔贡、参领、佐领、都统、满都户……许多等级。因为"旗人"生下来就有五至十个"小锞子"钱粮，大一点儿就算"步兵养育兵"，拿一两银子。若在本旗当个小职务"拜堂阿""千总""拨什库"，也就是小事务员、小管理员，可以拿一两五的钱粮。从官榜上看，只要在文上或武上肯练功夫的，便能"逐步升级"，直到当上本旗的首领——都统，还可拨进京城去做官。话是这么说，在

---

① 中国人民政治协商会议北京市委员会文史资料研究委员会编：《文史资料选编》第14辑，北京出版社1982年版，第228—230页。

那个时代，有点职有点权真了不得，就拿本旗管考试的学房总管和佐领老爷来说，本旗地方谁家的孩子怎样？只要他们看上了，考不考一样上去。他们看不上的，考试考得再好也叫你"名落孙山"，所以当时有"县官不如现管"一说。这些"老爷"们考试的名目非常特别，也许今年考"赛马"，明年考"玩鹰"，后年又考"笔帖"，完全随本旗老爷的高兴来裁夺。

说的是乾隆十九年正黄旗"旗试"，考"放风筝"。因为这年春天，宛平县闹"蝗虫"没法治，不知是谁糊了个纸鸢把蝗虫治了，传说非常神效。可巧，蝗虫转移到这里来了，旗兵老爷命家家糊风筝驱虫，并悬赏说谁能驱走蝗虫有重赏。

正黄旗有个孤寡的老太太叫万奶奶，眼下只有一个九岁的孙儿叫小顺儿，他爸爸在他两岁多的时候被迫去"征南"，结果死在了"金川"。儿媳也含恨自尽，只剩下这祖孙一老一小相依为命。老人为孙儿操碎了心，托人教、请人帮，多亏她随丈夫早年在江南任官时认识曹雪芹一家，所以一有事就带孙儿去求教雪芹。这回听说考试又改成放风筝了，就去托雪芹帮忙糊上一个。当时旗下人等为了驱虫，都在繁忙地准备，盼着自己糊的风筝能被选进京里献给皇上观赏。万奶奶带小顺儿来求雪芹时，雪芹满口答应说："这个不难，治虫的办法还是从南边学来的，您回去准备线吧，越结实越长越好，我教小顺儿糊风筝。滑线车子已经做好了，到那天治蝗时，我也去帮小顺儿放！"老太太高兴地回到家里，一心一意捻起了线。雪芹和小顺儿加紧做着风筝。

这天，果然蝗虫来了，遮天蔽日飞满天，全旗的人都奔跑出来敲锣打鼓，焚香磕头。都统老爷也亲自出阵，命大家放风筝求鸢驱虫。只见千奇百怪的风筝全拿出来了，有的是"蜈蚣"，有的是"蝴蝶"，有的是"美人儿"，有的是"寿星老"，有的是"双燕儿"，有的是"神鹰"，有的是"钟馗"，有的是"八卦图"。单说这一声铳（像枪一类的火器）响之后，各路人等排列开来，前边一人高举风筝，后边一人拉紧牵线。

正在这时，只见万奶奶陪着曹雪芹来了，小顺儿高举着一只奇怪的风筝，当时众人见了哈哈大笑，原来他们做的是一只二尺长直径一尺五的圆筒。筒口朝下，筒底朝天。在筒底从里边开了一扇小方窗，有一根细线与窗相连。筒口竹骨上拴着结实的拉线，这是万奶奶费心血捻成的。筒外用"石绿"和"花青"颜色画着花草、菜蔬，十分鲜艳。

待大家站好，都统下令第二声铳响，无数风筝凌空而起，真是蔚为奇观。可是有不少风筝刚刚升上半空就打起了筋斗。有的干脆直栽下来。只见雪芹拉线，小顺儿高举的风筝，凌空直射九霄，像一只翠鸟直钻云端，飞在所有风筝之前，第一个钻进了蝗虫群。这时雪芹说："小顺儿，快往上套草圈。"只见小顺儿顺手把带来的"羊胡子草"拴成圈，套在风筝线上。雪芹一拉一放地动着风筝线，小圈儿就径直地往上飞去，不一会儿就钻进了风筝筒里。这工夫，观赏的人们瞧见，蝗虫群朝这只风筝集中过来，纷纷钻进了风筝。雪芹说："小顺儿！快打开小门天窗收线！"小顺儿牵动细线，天窗打开，风筒迅速下降，雪芹飞快地收着拉线，万奶奶也早已将一堆干柴点燃，待风筒一落地，雪芹抱起来往干柴上一抖动，飞蝗扑火，烧得噼啪乱响，飞不起来死掉了。

这下可吓坏了正在烧香拜神的都统。他气急败坏地奔过来大声斥骂着:"曹雪芹!你这是干什么?!蝗虫乃是天虫,烧天虫有罪呀!"雪芹哈哈大笑,一边烧一边说:"蝗虫是天虫就不该吃地上的庄稼。既然吃了地上的庄稼就犯了天条。火烧是玉皇大帝定的刑罚,我替天行道何罪之有?!"都统连连用手指着他:"你——你——"气得说不出话来。雪芹不理他,只管一次次地放他的风筝。

人们一见雪芹这方法还真灵,也都凑过来看热闹。就这样,一次次地,天空上的蝗虫逐渐少了,散了,最后也不知哪儿去了,所有的人都鼓起掌来。都统也改变了刚才的凶样,过来说:"雪芹!快把风筝取下来,我要带进京去为你请赏!"雪芹哈哈大笑地说:"都统老爷,您弄错了,这是万奶奶一家的功绩,您应该给他们祖孙去请赏,我是给他们帮忙的。"说着,他一抖腕子,不知弄了什么机关,风筒上竟然像开了朵花一样抛下三条穗子。就在此时,整个风筝脱离了拉线扶摇直上。雪芹向风筝行了一礼,都统急得上去就拉线,可是风筝早已离线了。雪芹把线收起来,放在万奶奶手里,背着手扬长而去。大家只顾望着越飞越高的风筒,猛地才发现远去的雪芹,都赞扬雪芹救了一方百姓。只有都统老爷为没得到这只风筝还在懊悔着。①

宗学是清朝的官学之一,是清政府为爱新觉罗氏近支宗室子弟所设立的贵族学校。据杨乃济考证,《钦定八旗通志》中载:"右翼

---

① 张嘉鼎:《曹雪芹的传说》,河北人民出版社1982年版,第19—24页。

宗学于雍正三年（1725）初设在西单牌楼北口石虎胡同，共房八十八间。"①如将雍正三年作为论述其历史沿革的首端，大致分为三个时期：雍正三年至民国以前；民国时期至新中国成立前；新中国成立后至今。

雍正三年（1725）清政府设立右翼宗学，其位置在西单牌楼北口石虎胡同。乾隆十九年（1754），"右翼宗学……移于绒线胡同内板桥迤东……"②。由此可知，右翼宗学在雍正三年至乾隆十九年（1754）间是位于小石虎胡同内，乾隆十九年搬迁至绒线胡同。在此之后，杨乃济在乾隆时期的《内务府奏案》中查找了一条有关此地的记载，奏折中言："总管内务府谨奏，为请旨事。乾隆二十一年六月廿四日内阁奉旨：交内务府于内城官房中查一所，赏给裘曰修居住……现有宣武门内石虎胡同宗学，因糟朽破坏交回房一所，计八十六间。若通融粘补收拾，可以得住房四五十间……奉旨：着将石虎胡同房间赏给，钦此。"③从此则史料可以得知两个讯息：其一，乾隆二十一年（1756）这处宅院变更为裘曰修的府邸；其二，从乾隆十九年到乾隆二十一年此地应该是无人居住的，因奏折中提及"因糟朽破坏"。按照常理推断，应是在乾隆十九年右翼宗学搬走后这个院落两年时间无人居住看管所致。除《内务府奏案》以外，纪昀的《阅微草堂笔记》中也有关于右翼宗学变更为裘曰修宅邸一事的记载："裘文

---

① 《钦定八旗通志》卷一一五，台湾学生书局影印嘉庆四年刊本，第3753页。
② 杨乃济：《右翼宗学遗址考辩》，载北京历史考古丛书编辑组编《北京文物与考古》（总一辑），北京历史考古丛书编辑组，1983年，第179页。
③ 杨乃济：《右翼宗学遗址考辩》，载北京历史考古丛书编辑组编《北京文物与考古》（总一辑），北京历史考古丛书编辑组，1983年，第183页。

达公赐第,在宣武门内石虎胡同。文达之前,为右翼宗学。"①纪昀和裘曰修同为《四库全书》的编修人员,其所言应为不虚。至于裘曰修在此处住了多久,杨乃济文中所提供的一则《内务府奏案》中的史料可以为证。据奏折记载:"乾隆五十四年十二月初二日,遵旨查得历年赏给汉大臣等居住房间,有伊子孙居住者八处,并无子孙居住者五处……谨分缮清单,恭呈御览。……奉旨:不必撤回,着仍赏给居住,钦此。"在这份清单中,"赏给裘曰修石虎胡同房八十六间,现系伊孙国子监学正裘元复居住"。② 由此可知,乾隆五十四年(1789)这里仍然是属于裘家府邸。

直至道光二十年(1840)左右,裘氏后人始出售与安徽潘氏。潘氏居此又六十余年。清室退位前,始由政府连同毓公府购归国有,欲在此地建立海军部,与东城铁狮子胡同之陆军部,一东一西,一"铁狮子"一"石虎",适足以扬威武,但未及动工。其后,这处宅院几经转手。最初,这处院落从清政府手中被移交至民国政府手中,将此院划归为石虎胡同七号院。而后,七号院成为立宪派人物汤化龙的宅邸。也是在他入住后,这处宅院有了"凶宅"之名。其缘由在于汤化龙之友在此猝死,而他本人也是1918年被刺杀后身亡。这当然是迷信思想在作祟,但他的家人却因此搬离。这处院落随后充公作为财政部金融学会的办公处。1923年,梁启超在此处创办松坡图书馆第

---

① 纪昀:《阅微草堂笔记》卷十,嘉庆五年(1800)北平盛氏望孟书屋刻本,第311页。
② 杨乃济:《右翼宗学遗址考辩》,载北京历史考古丛书编辑组编《北京文物与考古》(总一辑),北京历史考古丛书编辑组,1983年,第183页。

二馆。之所以称之为第二馆,是因为梁启超认为北洋政府拨给他的北海快雪堂地方太小,不敷使用,故称快雪堂为第一馆,用以储存中文书籍,将石虎胡同这处馆地作为第二馆来储存外文书籍。此处成为松坡图书馆第二馆后,徐志摩曾在此工作并居住。并且,徐志摩还为此处写过一首名为《石虎胡同七号》的诗,他组织创办的新月社也与此处有所交集。松坡图书馆第二馆在当时的藏书量也是十分可观的,鲁迅、郁达夫等人都经常出入此处。但是,在1929年梁启超去世后,松坡图书馆第二馆也逐渐没落,只好将第二馆与第一馆合并,第二馆也从石虎胡同搬去了快雪堂。直至1931年,蒙藏学校从松坡图书馆手中将此处买下作为校舍。蒙藏学校购买此处院落的原因与院落隔壁的另一处院子直接相关。院落隔壁的另一处院子在民国时期被收归公产时定为石虎胡同八号院。而根据《蒙藏学校档案》所载,"蒙藏学校创办于1913年,其校址原是在西安门西南角的孙家花园,在1916年因孙家花园地方狭小而迁至石虎胡同八号院,与右翼宗学石虎胡同七号院一墙之隔"[①]。在1931年,蒙藏学校又"购东隔壁(石虎胡同7号)松坡图书馆合并校内,所有学生班次迭经变更"[②]。因此,石虎胡同七号院右翼宗学遗址在1931年后,变成了蒙藏学校校园的一部分。

新中国成立后,蒙藏学校改为中央民族学院附中。关于蒙藏学

[①] 田琳、于布仁巴雅尔编:《中央民族大学附属中学校史述略》,中央民族大学出版社2008年版,第70页。

[②] 田琳、于布仁巴雅尔编:《中央民族大学附属中学校史述略》,中央民族大学出版社2008年版,第81页。

校的历史以及变更为中央民族学院附中的时间,在《中央民族大学附属中学校史述略》中都有确切记载:"1951年6月,改为中央民族学院附中,任务是为少数民族地区培养少数民族干部。……"①蒙藏学校作为中央民族大学附属中学的前身,其校史所载应为可靠。在中央民族大学附中1987年搬迁之前,右翼宗学遗址石虎胡同七号院一直属于中央民族大学附属中学校区。1988年,为了解决就业问题,在两处院落旧宅基础上搭建临时房办起民族大世界商场。直至2001年,北京市文物局将两处院落旧宅列为文物保护单位。2006年,这里又被列为全国重点文物保护单位,北京市文物局和消防局为保护古建筑要求民族大世界商场拆除临危建筑,但这次文保行动并未真正得以实施。直到2013年,商场才真正关闭,并开始了文物保护修缮工作。也正是因为民族大世界商场的开办,石虎胡同右翼宗学遗址中的古建筑遭受了极大程度的破坏。刘天地在《"蒜市口地方"、右翼宗学沿革考述》②一文中将右翼宗学遗址石虎胡同七号院的发展变迁制成了表格(见表1)。

表1 右翼宗学遗址的发展变迁

雍正三年至乾隆十九年(1725—1754)	右翼宗学
乾隆二十一年至道光二十年前后(1756—1840左右)	裘曰修府邸
道光二十年前后至光绪宣统年间(1840—1900前后)	安徽潘家居住

① 田琳、于布仁巴雅尔编:《中央民族大学附属中学校史述略》,中央民族大学出版社2008年版,第82页。
② 刘天地:《"蒜市口地方"、右翼宗学沿革考述》,《曹雪芹研究》2020年第2期。

续表

光绪宣统年间至民国建立前（1900前后—1912）	收归清政府
1912—1918年	汤化龙府邸
1918—1923年	收归民国政府
1923—1931年	松坡图书馆第二馆
1931—1956年	蒙藏学校
1956—1987年	中央民族大学附属中学
1988—2013年	民族大世界商场
2013—今	被文物局圈围进行修缮

第二节 何谓"十七间半"

蒜市口"十七间半"出自雍正七年（1729）《刑部为知照曹𫖯获罪抄没缘由业经转行事致内务府移会》的记载。据乾隆《京城全图》所绘，蒜市口街在崇文门外大街南端尽头处东侧，东至抽分厂南口、石板胡同北口。经逐一核查图上所绘蒜市口街及其附近的各个院子的房屋间数，只有蒜市口街北侧由抽分厂南口往西数第三个院子有房十八间，此外再没有十七八间房屋的院子。该院是一个坐北向南的三进院落：临街房六间（东数第二间为院门）；前院由一道中间偏东些的南北隔墙分为两部分，西部有北房三间，东部无房；前院与中院之间是一道东西隔墙，中间偏东些有门通中院；中院北屋正房三间，东西厢房各三间；后院空旷无房，西院墙向内凹进一段。全院总计房十八间。据《康乾遗俗轶事饰物考》（完颜佐贤编著）认为，清代一般住宅"七品以下多住清水排房、起脊瓦房，正房三间两耳，三东，三西，三南，左右串堂四合院"。"十七间半"是符合这种格局的。

据中国第一历史档案馆所藏雍乾年间内务府官房租库档案记载，房间有二檩、三檩、四檩、五檩、六檩、七檩之别，无论几檩，皆谓一间，不以檩少间小为"半间"。"半间"之称究竟何所指，文献无征，民间则有两种说法：一说是院门过道，旧时按"半间"计算；一说是旧时迷信，以单数为阳宅（活人所居），双数为阴宅（死人所居），所以往往忌言双数而称"半间"。依据这两种说法，"房十八间"可称为"房十七间半"，而"房十七间半"实际是"房十八间"。所以，乾隆《京城全图》上标示的这个"十八间房"的院子，应该就是档案所载"房十七间半"的曹宅。①

有学者也从满族习俗出发讨论何谓"十七间半"。北京破土建屋时有一套迷信的说法，要用罗盘和水平"定方位"，而且南北正面的屋子，只能盖三、五、七、九等单数，视为阳数；不能盖双数，四间、六间的阴数，认为那不合格局，犯忌。乾隆《京城全图》中所绘的今蒜市口 16 号院的格局是临街房六间，这就犯了"四六不成材"的盖房大忌，为了取其吉祥，因此把临街六间称为五间半，整个院子称十七间半。而北京的标准四合院应该是临街五大间（含门房和门

---

① 参见张书才《曹雪芹蒜市口故居》，《文史知识》2003 年第 12 期。

洞），若总数为十八间是双数，是阴数，不是阳数，也就只好称作十七间半房了。①

当然，对"十七间半"亦有学者提出了不同看法，如张秉旺在《雪芹故居何处寻——〈曹雪芹蒜市口故居初探〉辨析》②中谈到他也从《京城全图》上做过寻查，所依据的是 1937 年日本侵华机构"兴亚院华北联络部政务局调查所"的缩印本。③虽是缩印本，文字、图像细如纤发，但仍清晰可辨。"查看图纸和现场探询的结果与《曹雪芹蒜市口故居初探》所指之'十六号院'校核，觉得后者疑点甚多，实难铁定此案。"张秉旺细检原图，查到所指该院。宅院内确有前、中、后三层院落，但与十八之数不合。他认为在蒜市口一带路南的一个小院房间数与十七间半之数符合。此院在街之南侧，斜对汪太医胡同（今刚毅胡同），院的南北中心线在汪太医胡同中心线以西约 20 米。临街房 6 间，其街门在东起第 4 间卜，第 2 排与第 3 排都是 5 间房，这两排房之间的小院（第 2 层院）有一处东厢房，其尺度较一间大、比两间小，推测为一间半。以上三排房加上一间半厢房，正合'十七间半'之数。此处现为广渠门内大街 146 号（此院经改建，已非原貌）。其后，张秉旺又在《"蒜市口十七间半"补说》④一文中谈到紫禁城共有房"九千九百九十九间半"，绝不能到万，到了一万间就会"着天火"，这个"九千九百九十九间半"的传说和明朝的朱

---

① 参见赵书《满族习俗与蒜市口曹雪芹故居》，《满族研究》1999 年第 4 期。
② 参见张秉旺《红苑杂谈》，军事谊文出版社 2007 年版，第 173—190 页。
③ 该机构的长官叫森冈皋。乾隆原图比例为 1∶650，缩印本又按原图以 1∶4 缩印，故比例变为 1∶2600，即图上 1 毫米等于实物 2.6 米。
④ 参见张秉旺《红苑杂谈》，军事谊文出版社 2007 年版，第 185—187 页。

棣有关。

有一说是由于"天宫里的宝殿房间共是一万间,凡间的宫殿数目千万不可超过天宫"。于是朱棣思虑再三,就下旨命刘伯温所建的皇宫宫殿房间不得超过一万间,并去请金刚、地煞来保护皇宫。

当初修建紫禁城的时候,永乐皇帝朱棣打算把宫殿的总间数定为一万间,取"万寿无疆""万事如意""万载祥和""万福万禄"之意,更能显示出皇家的壮观气派。要是间数太少,就显不出天子的尊严了。刘伯温领了圣旨后,就张罗着准备开工了。

可是就在永乐皇帝传下圣旨后的一个晚上,他突然做了一个梦,梦见玉皇大帝把他召到天宫的凌霄殿。只见那玉皇大帝满脸怒气,永乐皇帝不知道是怎么回事儿,吓得跪在地上,低声问道:"陛下,您召小臣上天,有何吩咐呀?"

"朱棣小儿,听说你要在人间建一座豪华的宫殿?"

"是有此事。"

"打算建多少间呀?"

"不多,就建一万间,图个'万事如意''万载祥和''万福万禄'的吉利。"他没敢说"万寿无疆",在玉帝面前,自己只是个小民。

"什么,一万间?你可知我这天宫的殿堂有多少间吗?"玉皇大帝往前走了几步,两眼瞪着朱棣又问道。

"臣有所不知。"

"我这天宫的宝殿、楼阁、大堂加起来才只有一万间,你想超过天宫的数儿吗?"

朱棣一听，心里咯噔一下，马上知道了玉帝为什么召他到天宫，又为何不高兴，原来是我这凡间的官殿数冲过了他天官的，这可万万使不得，便连忙说道："玉帝老君请息怒，小臣实有不知，多有冒犯，还请玉帝宽谅，我这凡间的官殿数儿哪能超过您这天官的呀！"

玉皇大帝听他这么一说，脸上有了笑容，并让人给他看座。"朱棣小儿，这就对了，我赐你一块'天石'，以镇官院，你再请七十二地煞，一百个禽兽去保护你这凡间的皇城，这样才能风调雨顺、国泰民安！你可记住了？"

"臣记住了！"朱棣连忙跪在地上谢恩，当他抬起头来再看那玉帝时，已无了踪影。"玉帝，玉帝！"他喊了两声，就猛地惊醒了，原来是个梦。

他坐在御榻上，不停地想着梦里的事，觉得玉帝之言很是有理，我这凡间怎能超过天官呢？想来想去，便改变了主意，这紫禁城的官殿间数说什么也不能超过那天官的数儿，一旦超过了那玉帝会跟我没完，他是玉皇大帝，要是惹怒了他，我这天下还坐得稳吗？想到此，连忙传旨，召刘伯温进见。

不多会儿，刘伯温就进得官来。"万岁，您传臣见驾，有何要事吩咐？""昨夜朕做了一个梦，梦见那玉帝老儿把朕召到天官……"接着他把那梦到的从头至尾说了一遍，刘伯温听了也是一愣。"朕想此梦非同一般，特召你来商议这建紫禁城的事儿！"

"原来如此，那玉皇大帝可是惹不得的，还是顺从了他吧！""那以你之见这紫禁城的官殿数建多少间为宜呢？"朱棣问道。刘伯温想了想，说道："他天官是一万间，咱就建它九千九百九十九间半。既不失他玉帝的面子，又不失皇家的壮观气派和天子的尊严！"

"对，就依你的，就建它九千九百九十九间半，比他少半间，让他玉帝老儿无话可说。朕乃真龙天子，也比他小不了多少，刘爱卿，千万别忘了找到那块镇宫院的天石和请那七十二地煞、一百个禽兽去保护咱这皇城！"

"臣领旨，即日就开工兴建。"

不到四年的时间，紫禁城就建成了，刘伯温请永乐皇帝亲自察看。朱棣在宫里转了大半天，心里十分高兴。这紫禁城建得别提有多气派了，雕梁画栋、金碧辉煌，那午门高大雄伟，太和殿宽敞气派，和玉帝的凌霄殿相比，还真差不了多少。忽然朱棣想起了玉帝赐的那块镇宫院"天石"和要请的那七十二地煞、一百个禽兽，便问刘伯温都放在什么地方。

"万岁您别忙，臣带您一一看过。"刘伯温说着便把他带到华盖殿（清朝改名为中和殿）后面的御路上，指着一块长方形的巨大石雕说："这就是玉帝赐的那块镇宫院的'天石'，名为'云龙阶石'，上有九条巨龙，腾跃于流云之间，它是这宫中最大的石雕，有上万斤重！"

"好！好！"接着永乐皇帝问："那七十二地煞呢？"

"这您就看不见了，臣把它们派到这宫中下面的七十二条地沟里去了，以防地下的小鬼儿闹事儿，坏了这宫里的风水！"

"派得好！"

"您再看那宫殿垂脊上的琉璃饰物，它们是蛟龙、凤凰、狮子、天马、狎鱼、斗牛、獬豸、狻猊。有天上飞的、地上跑的、水里游的。既有祈雨的，又有避邪的。"

"不用说，这就是请的百兽了？"

"正是！"

"刘爱卿所办之事，件件应了玉帝老儿的，朕要重赏与你呀！"

"谢万岁！"

朱棣又问道："这宫里的殿堂是不是九千九百九十九间半？"

"正是！"

"那半间在何处？"

"在后廷西边儿的一间配房里。"

"好！好！朕看那玉帝还有什么话可说。"

那刘伯温说出九千九百九十九间半，心里就是一哆嗦，其实这宫里的殿堂数并非真的是九千九百九十九间半。原来他到各地采购木料、石料时，看到老百姓的日子越过越苦，可皇上却大兴土木，要花多少两银子呀！于是就有意把设计好的图纸改了，这样一来就少建了一千多间，实际建成的是八千多间。他想，紫禁城这么大，这殿堂到底有多少，谁数得过来呀，我说是多少就是多少。于是就向朱棣报了九千九百九十九间半，永乐皇帝信以为真，还重赏了他许多金银。

从此紫禁城有房屋九千九百九十九间半的说法就传开了，实际那数字并不确切，只是传说而已。目前故宫里殿、宫、堂、楼、斋、轩、阁总的间数是八千七百零七间，那传说中的半间房又在哪里呢？当您参观游览故宫，走到景运门外箭亭南望的时候，会看到院墙围着的一座两层的绿色琉璃瓦建筑，那便是清代存放四库全书的文渊阁。就在那阁楼上的西边，有一独特之处，它和一般的楼阁不同，两柱之间不是一丈多的间隔,而是两根绿色柱子之间仅有五尺左右的距离,紫禁城的半间就在这里。①

而民间多是由于地方小或是材料不够形成的:

一是地方小,又想充分利用地面多建房,达到两间(或三间)而不可能,只能建成一间半(或两间半)。另一情况是将就剩下的材料:檩条短,只够半间的长度;椽子数量也不足一间,于是整间之外再接建半间,形成一间半(或两间半),可使材料得以充分利用,又稍稍扩大一点房屋面积。再一种情况是"四破五",房子面阔5间,但两端的房间窄小,只及半间,多用于储藏粮物。名为5间,实由4间破其一,分为两个半间,故得"四破五"之名。此种做法流行于京南大兴一带。"十七间半"之半间不属这种情况,当属前两种。②

除了以上对于"半间房"的解释外,兰良永在《曹雪芹蒜市口故居再议》③辨析"半间房"取义:

若从"忌言双数而称半间"之说,则明人沈榜所著《宛署杂记》卷七说"鼓楼东大房六十九间……谷美二间半""钟楼东大房九间,小房八十间……张进二间半""阜城门外小房二十七间……李彦龙二

---

① 户力平主编:《北京老故事:故宫传说》,中国商业出版社2004年版,第4—8页。
② 张秉旺:《红苑杂谈》,军事谊文出版社2007年版,第182页。
③ 兰良永:《曹雪芹蒜市口故居再议》,《曹雪芹研究》2014年第3期。

间半""本县地方共盖廊房八百一间半,召民居住,店房十六间半,召商居货,总谓之廊房云",已足资反证;而《淞滨琐话》说汪蟾辉"于舫上作小楼半间以居之",则既不可能是"忌言双数而称半间",也不可能是"院门过道所在的房间按半间计算"——它只能用来形容小楼之小。

兰良永指出,所谓"院门过道所在的房间按半间计算"乃特指屋宇式大门。这种大门之只占一个开间者,有广亮大门、金柱大门、蛮子门、如意门诸种式样,在古代笔记小说中则往往写作"正门一间""东门一间""北门一间""中门一间""小门一间""南向门一间",颇为常见,实难备录,但它们只能算"一间门",不能称为"半间门",则各书均无二致。此外,《野叟曝言》第七十九回说"大庙是众姓公建,却有一间大门,三间正殿,三间后殿";《红楼梦》第三回说荣国府有"三间大门",也未从"院门过道所在的房间按半间计算"之说。

而在"半间房"的特殊用法上也大致可分为两种情况。

第一,是只有"标准间"一半大小的房间,指一整间。古人用"半间房"来形容他物的大小,如刘侗所著《帝京景物略》卷二说"堂后一槐,四五百岁矣,身大于屋半间";石玉昆所著《小五义》第六十九回说"在魏犴门北边有个狱神庙,约有半间屋子大小",皆如此。看来,古代民房在某种情况下是有"标准大小"的。张杰鑫所著《三侠剑》第五回因说"我这间屋虽然是一间半大,还是窄小,众位茶座来到这儿喝茶,放零碎东西帽子等,都没个地方"。而《三侠剑》第六回说"贾明与杨香五探的是后院,二人跳过了大墙,是十间禅堂,正面五间,两边各两间半,都有跨院",则是对房间布局的整体观照,并不涉及单个房间的内部格局,也即说,每一侧三间厢房中,有两间是标准的,有一间是半间大的。

第二,是一间房被隔作两半,指其中的一个半间。如吴趼人所著《二十年目睹之怪现状》第一百零四回说"龙光只得将自己卧室隔作两间,把后半间给舅爷居住",就是一间房隔作两个半间。再如《金瓶梅词话》第三十九回说:"使了一百廿两银子,买了一所门面两间、倒底四层房室居住,除了过道,第二层间半客位;第三层除了半间供养佛像祖先,一间做住房,里面依旧厢着炕床,对面是烧煤火炕,收拾的干净;第四层除了一间厨房,半间盛煤炭,后边还有一块做坑厕。"这四层共八间房中,第二层的过道占了半间房的面积,但这与"院门过道(所在的整间房)按半间计算"是两回事,不能混为一谈。第四层的两间房,一间作厨房,半间盛煤炭,半间作坑厕,才是最好的参考。

据上述材料,兰良永提出一个新的观点,乾隆《京城全图》是基于建筑学概念而绘,而曹家的"十七间半"是基于产权学概念而言,此二者在多数情况下能保持一致,在少数情况下则稍有区别,不宜混为一谈。

其后,黄一农的研究更为细致[①],具体到"间"的概念的探讨。

---

① 参见黄一农《曹雪芹"蒜市口地方房十七间半"旧宅新探》,《红楼梦研究辑刊》2015年第10辑。

学界关于"间"的说法,有以其乃中国古建筑的基本单位,是"每两根柱子之间的空间"①,但情理上此计量单位应内含某种具体的尺度定义,否则将沦于定性描述,且不会有"半间"之数,颇易在房产转移中产生法律纠纷。黄一农在文中引《儒林外史》中"牛老替孙子牛浦娶亲"一节加以说明:

牛老清晨起来,把自己的被褥搬到柜台上去睡。他家只得一间半房子,半间安着柜台,一间做客座,客座后半间就是新房。当日牛老让出床来,就同牛浦把新做的帐子、被褥铺叠起来……②

这种描述表明"一间半"的屋子实际使用面积并不大。清代赵翼(1727—1814)也在《檐曝杂记》中谈及"余直军机时,直舍即在军机大臣直庐之西,仅屋一间半,又逼近隆宗门之墙,故窄且暗"③。至此,黄一农提出了一个疑问:

那房屋之"一间"或"半间"究竟是体积、面积还是长度的表述又如何在清代社会有一约定俗成之定义?

他查到康熙十四年(1675)八月,赐建在三藩之乱中阵前投诚

---

① 贾珺:《北京四合院》,清华大学出版社 2009 年版,第 42—43 页。
② (清)吴敬梓:《儒林外史》,《古本小说集成》影印嘉庆八年刊本,上海古籍出版社 2017 年版,第 7 页。
③ (清)赵翼:《檐曝杂记》卷一,《续修四库全书》影印嘉庆间刊本,第 6 页。

之金进所属官兵的住房时,尝于京城内正白旗校场东边空地,各照其品级及先前定例①,盖给共184间房屋。②其中面阔一丈、进深一丈五尺、柱高七尺八寸者共130间(姑且称之为"标准房"),绝大多数皆分给前锋、军、拨什库以下的低阶官兵。至于六品以上官员,其所配发之正房的每间平均面阔均与其官品成正比,分别从一丈二寸至一丈二尺三寸不等,且进深(一丈八尺至二丈七尺)与柱高(七尺五寸至一丈五寸)亦明显大于"标准房"。此外,乾隆五十五年(1790)和珅等因重盖西华门内遭回禄之果房及银库值房一事上奏,经奉"酌减建盖房屋,不必仍前高大"之旨,故拟重盖房55间,其规制如下:

果房院内:补盖正房二座,各计五间,各面阔一丈、进深一丈六尺、柱高九尺;东面围房一座,计十七间,各面阔一丈、进深一丈四尺、柱高八尺。银库值房:补盖小式正房四座,内头层并后层正房二座,各计五间,各面阔一丈、进深一丈四尺、柱高九尺,中二层正房二座,各计五间,各面阔一丈、进深一丈六尺、柱高九尺;厢房四座,每座计二间,各面阔一丈、进深一丈二尺、柱高八尺。③

---

① 此为顺治十六年(1659)之定例,参见《清世祖实录》卷一二三,中华书局1986年版(清代各朝实录均同此本),第953页。
② 参见(清)铁保等《钦定八旗通志》卷一一三,影印嘉庆四年刊本,台湾学生书局,第4—7页。
③ 乾隆五十五年(1790)十一月二十一日,和珅、金简、德成奏折,载中国第一历史档案馆藏《清宫内务府奏销档》第422册,故宫出版社2014年版,第183—188页。

这批样式不一的新盖房,每间的面阔皆同为一丈,进深则从一丈二尺至一丈六尺不等,柱高为八尺或九尺。

再者,乾隆四十六年(1781)正月十一日地安门外鼓楼前路东茶铺失火,二月十一日内务府奏拟重盖房46间,其中面阔一丈二尺者3间(进深一丈六尺)、一丈一尺者3间(进深一丈四尺)、一丈者21间(进深一丈三尺或一丈六尺)、九尺五寸者14间(进深一丈三尺或三丈)、八尺八寸者4间(进深一丈二尺)。此外,还有1间面阔七尺五寸、进深六尺、柱高九尺五寸的"小正房"。①

黄一农综合前述三文献中共285间房的规制判断,从最小的120平方尺(西华门银库之厢房)至最大的332.1平方尺(正白旗校场东之一品官正房),皆谓之一间,故可知"间"应非面积单位,否则后者相对于前者的定义而言,就已超过两间半。同样理由,"间"亦不可能是体积单位。②

先前学界有称中国古代对"半间"的说法有二:一是将院门过道视为半间;一是以奇数为阳宅、双数为阴宅,遂因忌言双数而称"半间"。③然而我们在清代的房契中却屡屡可见住房为双数间者④,且从第一历史档案馆所藏嘉庆初年福长安房屋遭入官时的附图⑤,可发

---

① 参见邓亦兵《清代前期北京房产市场研究》,天津古籍出版社2014年版,第23页。
② 参见黄一农《曹雪芹"蒜市口地方房十七间半"旧宅新探》,《红楼梦研究辑刊》2015年第10辑。
③ 参见张书才《曹雪芹家世生平探源》,白山出版社2009年版,第169页。
④ 参见邓亦兵《清代前期北京房产市场研究》,天津古籍出版社2014年版,第211—317页。
⑤ 参见邓亦兵《清代前期北京房产市场研究》,天津古籍出版社2014年版,第15页。

现其在北京景山东门外的十间半院落中,院门明显算一间,倒是相邻的门房或因面阔(房门应朝东)较小,而被标记成半间。①

清代一般官民多采用门屋一间,其样式可分成广亮大门、金柱大门、蛮子门、如意门等不同规格。②此类有屋顶之门屋虽无封闭之内部空间,但因其进深约等同于旁边紧邻之倒座房,而面阔通常为一丈左右,故应被视作一"间"。③至于一般较小的四合院,则常采用墙垣式大门,此类门楼为用砖砌筑的入口门洞,与院墙浑然一体,因无足够进深,故应不算"间"。同样地,若游廊无足够进深(通常仅宽四尺④)时,或亦不算"间"。

翻查乾隆《京城全图》的图示,对于算作一"间"的门屋和不算"间"的门楼,似清楚有别:前者是在该间外边之正中画一小的长方形,以代表门扇;后者则是在双重线的墙中画一缺口。嘉庆初年内务府档案所绘福长安入官之景山东门外住房,其占一间的大门与不占间的二门(位于院落之中央偏下处,应为一简单之垂花门,以区隔内

---

① 据邓亦兵老师告知,她于20世纪40年代在北京出生,她小时候所看到的半间房屋有三种:一种是隔断间,即福长安景山东门外院落的那种半间;一种是接间,即在原有的房间外面接盖小间,俗称半间;一种是单独建的小房,即比平常一间小点的房,民间也称小屋,实际也是半间。
② 有关各种四合院大门的规制,可参见贾珺《北京四合院》,清华大学出版社2009年版,第74—85页。
③ 有些小型的如意门只占半间。参见邓亦兵《清代前期北京房产市场研究》,天津古籍出版社2014年版,第333页,以及 http://big5.cent.com.cn/culture/gudubeijing/hutongyou/siheyuan/beijingdesiheyuan08.htm。
④ 参见贾珺《北京四合院》,清华大学出版社2009年版,第92页。前述乾隆四十六年(1781)重盖地安门外鼓楼前路东茶铺失火之房时,有一"间"小正房的进深即为六尺。

外两进①），在图中亦明显不同。

综前所论，清代建筑物的描述单位"间"，通常是由房屋正面的立柱决定，两柱所隔出之有屋顶的进深谓之一"间"（四边有无封闭之隔间或门墙似乎并不重要），其面阔之"标准值"为一丈，唯因两柱之上所架檩条的实际长度往往略有伸缩，故一"间"之面阔亦可短至七尺五寸（含），或长至一丈五尺（不含）。若两柱之面阔介于五尺与七尺四寸（含）者，则视之"半间"。②

至于皇家、官府及寺庙等的大型特殊建筑物，对"间"则无尺度的规范，从未见有"半间"之尾数。由于此类建筑较巍峨，故所用之立柱皆较粗大，面阔亦相应地特别加宽，如在乾隆《京城全图》上所绘之王府大门皆为五间，每间之面阔即比一般住房之"标准值"大许多。再以北京之地安门为例，其面阔共七间，正中之明间宽7米（二丈一尺九寸），两次间各宽5.4米（一丈六尺九寸），四梢间各宽4.8米（一丈五尺）。③此外，顺治二年（1645）所建之乾清宫门，凡五间，通长亦达八丈二尺，每间之面阔也远较"标准值"为大。④前

---

① 参见贾珺《北京四合院》，清华大学出版社2009年版，第82—83页。
② 在前揭的用例中，面阔不论是7.5尺、8.8尺、9尺、9.5尺、9.6尺、1.02丈、1.1丈、1.19丈、1.2丈、1.3丈或1.4丈者，皆同被称作一间。目前所见唯一之矛盾是雍正八年（1730）新宁县添造守备衙门时所盖的兵房，其每间的面阔为一丈五尺、进深一丈七尺；唯因其面积乃康熙十四年（1675）金进属下所分配兵房（面阔一丈、进深一丈五尺）的1.7倍，两者的差距甚大，因疑前者的面阔乃为一丈五寸之误。
③ 参见户力平《地安门雁翅楼见证百年风雨》，《北京晚报》2011年12月23日，第43版。
④ 参见《清世祖实录》卷十六，第148页；杨乃济《〈乾隆京城全图〉考略》。

述有关"间"之定义应可与目前几乎所有文献的记载相合,且可追溯并呼应中国传统木造建筑的基本构造。

曹雪芹由江南回京后的第一处居址是蒜市口的曹家旧宅,既然有当时档案的原始记录为证,自是确凿无疑。尽管今天要找到原封不动地保留着十七间半房屋的宅院已是无望,但今天的蒜市口16号院的形状和大小规模仍然与乾隆《京城全图》所绘一致,而乾隆《京城全图》上这个院落的房屋间数和布局,又与档案所载及曹寅诗中所写基本相符,可以初步断定这个院落就是曹雪芹故居。退一步说,即便这个院落只是具有可能性,不能最后敲定,但蒜市口街的长度不过二百余米,从乾隆《京城全图》看,路北也不过只有六个院落,而东西两端的三个院落又可排除,因此无论中间的三个院落中哪一个是曹雪芹故居,其间也不过是左邻右舍的差别,并非不着边际。应当说在此处修复曹雪芹故居,建立"曹雪芹故居纪念馆",是最有根据、最可靠的最佳选址。①

第三节 曹雪芹故居研究的方法演进与学理思考

1982年,中国第一历史档案馆张书才公布了馆藏清代内务府档

---

① 参见张书才《曹雪芹蒜市口故居初探》,《红楼梦学刊》1991年第2辑。

案中一件雍正七年（1729）的刑部移会，题目为《为知会王大人等原任江宁织造曹寅得过赵世显银两着落伊子曹頫名下追缴曹頫京城江省家产人口俱赏给隋赫德事》。在其后的研究中，张书才通过对清朝档案史料的梳理，阐述"实际的材料"①在《红楼梦》及曹雪芹相关研究中所具有的特殊意义。1983年，张书才应《团结报》总编许宝骙先生邀约撰写《雪芹旧居，京华何处》②一文，此文是有关曹雪芹蒜市口故居的第一篇文章，后收录至《曹雪芹家世生平探源》③一书中，在文后的"结集附记"中，张书才自述："我调查曹雪芹蒜市口故居遗址，经历了一个由面（地区）到线（蒜市口街）、由线到点（宅院）、逐步缩小范围的过程，此文记述了我最初调查的情况和认识。"④ 其后，张书才在《新发现的曹頫获罪档案史料考析——关于曹頫获罪的原因与被枷号及其家属回京后的生活状况和住址问题》⑤一文中提到"刑部移会的价值之四"即为明确记载了隋赫德"拨给"曹頫家属的房屋在崇文门外蒜市口地方，为"探讨曹雪芹的行踪提供了新的重要线索"。此文中，张书才对"蒜市口故居"的具体位置结合钱

---

① 此言引自俞平伯《红楼梦辨》"顾序"。张书才"当时人看当时事"的研究路径，承袭了顾颉刚在《红楼梦辨》序言中提出的把实际的材料"做前导"，"实际的材料使得嘘气结成的仙山楼阁换作了砖石砌成的奇伟建筑"之谈，且在具体研究中有了进一步的推进。具体论述参见俞平伯《红楼梦辨》，亚东图书馆1923年版，"顾序"，第12—13页。
② 此文后被收入人大"复印报刊资料"《红楼梦研究》1983年第4期。
③ 张书才：《曹雪芹家世生平探源》，白山出版社2009年版。
④ 张书才：《曹雪芹家世生平探源》，白山出版社2009年版，第145页。
⑤ 张书才：《新发现的曹頫获罪档案史料考析——关于曹頫获罪的原因与被枷号及其家属回京后的生活状况和住址问题》，《历史档案》1983年第2期。

仪吉的《衍石斋记事稿·杭大宗蒜市杂记序》和乾隆《京城全图》做了初步设想，提出曹雪芹回京后居住的曹家旧宅，最大可能是蒜市口街路北、崇文门外大街与抽分厂之间的某一院落；根据碑刻和史料，曹家又与寺院渊源颇深，蒜市口街西北路边，自东而西，有关帝庙、泰山行宫、大慈庵等庙宇，故而香串胡同南口西侧与大慈庵之前的两座十几间房屋的三进院落，似亦应包括在探寻雪芹旧居的范围之内。其后，张书才又陆续发表了《关于曹寅子侄的几个问题》[①]《八旗满洲》[②]《再谈曹𫖯获罪之原因暨曹家之旗籍》[③]《清代的盟旗制度》[④]《漫谈〈红楼梦〉续书》[⑤] 等文章。

经过数年的潜心研究，1991 年张书才在《红楼梦学刊》第 2 辑发表《曹雪芹蒜市口故居初探》一文，对其在《新发现的曹𫖯获罪档案史料考析——关于曹𫖯获罪的原因与被枷号及其家属回京后的生活状况和住址问题》[⑥] 一文"关于曹雪芹回京后的住址"中提到的故居位置之设想进一步"深入考察"，结合档案史料与乾隆《京城全图》的逐一对比与辨析，确认"蒜市口 16 号院"，即抽分厂西数第 3 号院为"曹家旧宅"。文中提到，自 1982 年以来，张书才多次到"蒜市口左近"访问考察，"自西而东依次踏看了蒜市口街路北的各个居

[①] 张书才：《关于曹寅子侄的几个问题》，《江海学刊》1984 年第 6 期。
[②] 张书才：《八旗满洲》，《文献》1985 年第 4 期。
[③] 张书才：《再谈曹𫖯获罪之原因暨曹家之旗籍》，《历史档案》1986 年第 22 期。
[④] 张书才：《清代的盟旗制度》，《文献》1987 年第 4 期。
[⑤] 张书才：《漫谈〈红楼梦〉续书》，《古典文学知识》1989 年第 1 期。
[⑥] 张书才：《新发现的曹𫖯获罪档案史料考析——关于曹𫖯获罪的原因与被枷号及其家属回京后的生活状况和住址问题》，《历史档案》1983 年第 2 期。

民院落",并对"16号院"的马允升进行访谈①,由此了解此院落在嘉道年间的房屋变迁情况,结合院落形状及有"端方正直"四字的屏门、曹寅《楝亭诗钞》等资料,按图索骥,考证曹雪芹故居即为此处。

值得注意的是,张书才在此文的第三部分"曹雪芹居住蒜市口的意义"中提及"证实了曹雪芹曾寓居卧佛寺传说的可靠性"。此故老传说流传已久,据张次溪在《记齐白石谈曹雪芹和〈红楼梦〉》②一文回忆,他早先听沈太侔先生说过:相传《红楼梦》作者曹雪芹在家道中落之后,一度曾在卧佛寺里住过。到了1931年秋天,齐白石同他专程去该寺寻访曹雪芹遗迹,但遍问庙里庙外一带的老住户,都"瞠目无所知",返家后心有戚戚然,张次溪作《吊曹雪芹故居》诗五首。其一云"都护坟园草半漫,红楼梦断寺门寒",由目之所及之张园③想到雪芹一度寄居崇文门外卧佛寺中的萧瑟与悲凉,此句与其五中的"荒园颓壁市南街,废址难寻玉篆牌"相互呼应,齐白石感其诗中之情,取"红楼梦断寺门寒"之意,画得一幅《红楼梦断图》相赠,并于图上题诗云:"风枝露叶向疏栏,梦断红楼月半残。举火称奇居冷巷,寺门萧瑟短檠寒。"诗前系以小引云:"辛未秋,与次溪仁弟同访曹雪芹故居于京师广渠门内卧佛寺,次溪有句云:都护坟园草半漫,红楼梦断寺门寒。余取其意,为绘《红楼梦断图》,并题一绝。

---

① 《曹雪芹蒜市口故居初探》一文中收入部分马允升口述资料。
② 张次溪:《记齐白石谈曹雪芹和〈红楼梦〉》,香港《文艺世纪》1963年6月号。
③ 张园为晚清民国著名学者张伯桢故居,园内建有袁崇焕纪念堂,张次溪为张伯桢次子。

齐璜白石。"后此画不慎遗失，汪慎生（溶）、陈封可、俞剑华及白石五公子良巳，又为其补画。补画之作上，除补录白石老人的原题外，齐良巳又增添一段小跋："辛未秋日，次溪六兄同先子谒曹雪芹故居，先子为绘《红楼梦断图》，次兄失于南中，兹命补作，勉应呈教。白石五子良巳谨。"① 张书才据此资料结合清代档案认为曹家回京后，既住蒜市口，就近访游诸寺，日久与寺僧交契，或在孀母故去、贫穷难耐之时，寄居卧佛寺中之传说当为可信，此传说亦可作为佐证曹雪芹蒜市口故居具体位置之材料。②

在此研究的基础上，张书才又陆续发表了《雪芹故居今安在 崇文门外蒜市口》③《曹雪芹家世档案史料补遗》④《曹雪芹蒜市口故居》⑤《曹雪芹生父新考》⑥等文章，并出版《曹雪芹家世生平探源》⑦一书，对曹家旗籍家世等都有系统论述。此外，宫中《蒜市口当有曹雪芹故居》⑧、张元《曹雪芹北京城内故居考证》⑨、马允升《曹雪芹故居（原蒜市口16号）变迁之回忆》⑩、赵书的《满族习俗与蒜市口曹

---

① 具体参见张次溪《记齐白石谈曹雪芹和〈红楼梦〉》，香港《文艺世纪》1963年6月号。
② 此研究路径颇有顾颉刚将"古史当作传说变迁来看待"之遗风。
③ 张书才：《雪芹故居今安在 崇文门外蒜市口》，《文史选刊》1997年第12期。
④ 张书才：《曹雪芹家世档案史料补遗》，《红楼梦学刊》2001年第2辑。
⑤ 张书才：《曹雪芹蒜市口故居》，《文史知识》2003年第12期。
⑥ 张书才：《曹雪芹生父新考》，《红楼梦学刊》2008年第5辑。
⑦ 张书才：《曹雪芹家世生平探源》，白山出版社2009年版。
⑧ 宫中：《蒜市口当有曹雪芹故居》，《北京档案》1993年第4期。
⑨ 张元：《曹雪芹北京城内故居考证》，《北京教育学院学报》1995年第4期。
⑩ 马允升：《曹雪芹故居（原蒜市口16号）变迁之回忆》，《文史选刊》1997年第12期。

雪芹故居》[1]等论述都对曹雪芹故居研究的发展起到了极为重要的推动作用。

这一时期，曹雪芹故居研究通过特有的研究路径，结合档案史料、景观图像、口述资料等，"以共同的理解与情感"为基础，逐步建构了完整、连贯的论述框架，同时它又与"当时人""当时事"紧密勾连，进而奠定了21世纪曹雪芹故居研究的坚实基础。

2000年，蒜市口16号院房屋基础的发掘，进一步推动了21世纪以来曹雪芹故居研究的发展。研究者从不同维度及视域出发，对曹家蒜市口十七间半房的坐落和布局情况提出了众多新见，使曹雪芹故居研究渐趋丰盈，逐步形成符合自身的研究范式与理论体系。

学界对曹雪芹故居研究的焦点集中在"蒜市口街"的地理范围及故居确切位置的考证之上，相关讨论一直延续至今。张秉旺、兰良永、黄一农、杨泠、樊志斌等研究者均提出了不同的看法。如张秉旺在《红苑杂谈》中收录的《雪芹故居何处寻——〈曹雪芹蒜市口故居初探〉辨析》《"蒜市口十七间半"补说》《鲜鱼口与曹家》等文章中对推断"蒜市口16号院"为曹雪芹故居的考证材料逐一辨析，提出蒜市口街南侧的一个小院的房间数量正合"十七间半"之数。[2] 兰良永在《曹雪芹蒜市口故居再议》[3]中提出"曹家的'十七间半'是基于产权学概念而言"，乾隆《京城全图》是"基于建筑学概念而绘"，不可混同而论，据此，他推论"蒜市口街可从崇文门外大街南口向西延

---

[1] 赵书：《满族习俗与蒜市口曹雪芹故居》，《满族研究》1999年第4期。
[2] 参见张秉旺《红苑杂谈》，军事谊文出版社2007年版，第173—190页。
[3] 兰良永：《曹雪芹蒜市口故居再议》，《曹雪芹研究》2014年第3期。

展，曹雪芹故居并不局限于崇文门外大街南口东侧"。黄一农《曹雪芹"蒜市口地方房十七间半"旧宅新探》一文对"蒜市口"也做了重新界定，认为"北界为手帕胡同与东茶食胡同，西界为香串儿胡同与娘娘庙胡同，南界为西利市胡同，东界为汪太医胡同与石板胡同"。① 杨泠《曹家蒜市口旧宅新考》② 中对蒜市口的变迁及其广义性，结合清代至民国地图③，对"蒜市口"所处位置做了系统梳理，并推论"蒜市口地方"范围极有可能具有行政区域意义，且涵盖区域至少在"三里河"与"广渠门"之间。樊志斌《蒜市口　蒜市口大街　蒜市口地方：谈曹雪芹崇外故居研究中的几个概念——兼及曹雪芹的北京城市交游、成长与纪念》④ 承袭上述学人的研究成果，提出学界对"蒜市""蒜市口""蒜市口街""蒜市口地方"的理解为曹雪芹蒜市口故居研究的关键所在。他认为"蒜市口地方"涵盖以"蒜市""蒜市口"为中心的周边一片区域，"南至西利市营，北至香串胡同、石虎胡同一带，甚至更远"，据此，他将"鲜鱼口空房一所"与"蒜市口故居"相联系，且认为曹家旧宅距离鲜鱼口、蒜市口距离相近，即草

---

① 参见黄一农《曹雪芹"蒜市口地方房十七间半"旧宅新探》，《红楼梦研究辑刊》2015年第10辑。
② 杨泠：《曹家蒜市口旧宅新考》，《红楼梦研究（壹）》，2017年。
③ 如嘉庆五年（1800）的《京城内外首善全图》、道光五年（1825）的《京城全图》、同治四年（1865）周培春所绘《北京地里全图》、同治九年（1870）的《京师城内首善全图》、光绪三年（1877）的《最新北京精细全图》、1914年的《北京地图》、1921年苏甲荣编制的《北平市全图》、1928年京师警察厅总务处编制《京师内外城详细地图》等。
④ 樊志斌：《蒜市口　蒜市口大街　蒜市口地方：谈曹雪芹崇外故居研究中的几个概念——兼及曹雪芹的北京城市交游、成长与纪念》，《北京文博文丛》2018年第3期。

场胡同附近。2021年7月30日,在"纪念新红学100周年 中国红楼梦学会成立40周年暨2021年学术年会"上,胡铁岩提交《新发现的曹家蒜市口"十七间半"地点考略——以在中国第一历史档案馆新发现的档案文献为主要依据》一文,其中提出以"市政管理区域定位法"来确定"十七间半"的具体位置。① 此外,《红楼家世:曹雪芹氏族文化史观》②(2003)、《红楼长短论》③(2004)、《曹雪芹在北京的日子》④(2008)、《追踪石头:蔡义江论红楼梦》⑤(2006)、《追踪石头2:蔡义江论红楼梦》⑥等相关著作均涉及曹雪芹故居研究。

随着理论自觉性的提高,可以看到学者尝试推进曹雪芹故居研究的努力。21世纪以来,曹雪芹故居研究的学理性、思想性得以凸显,同时也开始注重对故居研究以往成果的回顾和总结。但是,总体而言当前关于曹雪芹故居研究的成果还是略显单薄,与当代文化建设紧密相关的应用性研究更是缺乏。为了促进曹雪芹故居研究以至红学研究的学术自觉与范式转换,从学术史角度对其进行全面而清醒的检讨,就显得尤为重要。

---

① 胡铁岩认为蒜市口的具体位置与南城指挥署同在南城三里河的清化寺街,隶属于南城正东坊,而"十七间半"位置则与香串胡同相同,在崇文门外大街路西,隶属于南城正东坊第三铺。参见中国红楼梦学会编《"纪念新红学100周年 中国红楼梦学会成立40周年暨2021年学术年会"会议论文集》,2021年7月。
② 周汝昌著,周伦玲编:《红楼家世:曹雪芹氏族文化史观》,黑龙江教育出版社2003年版。
③ 胡文彬:《红楼长短论》,北京图书馆出版社2004年版。
④ 吴恩裕、端木蕻良等:《曹雪芹在北京的日子》,陕西人民出版社2008年版。
⑤ 蔡义江:《追踪石头:蔡义江论红楼梦》,文化艺术出版社2006年版。
⑥ 蔡义江:《追踪石头2:蔡义江论红楼梦》,浙江文艺出版社2014年版。

第三章

蒜市口十七间半曹雪芹故居的拆除与复建

广安门内大街西起广安门,东至菜市口,全长2050米,路面宽平均为26米。这条街担负着双重的城市功能,即生活性服务功能和交通性服务功能。街道断面为机动车与非机动车混行的一块板形式,高峰时交通十分拥挤,特别是几个道路交叉口更是经常堵塞得水泄不通。① 广安大街改造工程包括道路与市政管网规划、两侧危改区规划两部分,改造工程完成之后,这条大街将成为继长安街、平安大街之后,又一条横贯首都城区的交通动脉。广安大街竣工于2001年春,东起广渠门,西至广安门,横跨崇文、宣武两区,全长8000米。这条通道出现于500多年前的明代,但因街道狭窄,不能适应现代交通发展的需求,故市政府下决心改造这条大街。拓修一新的大道宽70米,分三上三下6车道,可东接东四环及京通、京沈、京哈、京津等高速公路;西接西三环、四环及京石高速路等。南侧通过南中轴路等,可与京开高速路相通,这对南城的市政建设与经济发展,已发挥出重要的推进作用。

---

① 参见刘速《广安门内大街及两侧危改区规划简介》,《北京规划建设》1994年第4期。

第一节 "拆"还是"不拆"——这是个问题

1999年修建广安大街,道路建设与保护遗址发生了矛盾,保留还是拆除,两方意见争执激烈。一时间,"拆"还是"不拆"?引发了众多文艺界人士的讨论。根据《关于曹雪芹旧居遗址研讨会会议纪要》记载,会议上达成的共识除了前文述及的三条之外,关于院落拆除和曹雪芹旧居纪念馆的修建的"共识"另有两条,现引述如下:

四、会议认为建立曹雪芹旧居纪念馆是十分必要的。

与会专家认为,我们对民族文化宣传的不够,对世界一流的大文豪曹雪芹的宣传也很不够。我们保留他的一个故居遗址,这对于弘扬民族文化,弘扬红学,意义重大。鉴于蒜市口地区是唯一有据可查的曹氏旧居所在地,与会专家一致认为在此处建立曹雪芹旧居纪念馆比其他地方更为适宜。专家们建议结合北京市、崇文区的规划建设,按照康雍时期外城民居风貌修建曹雪芹旧居纪念馆,为人们提供凭吊曹雪芹,研究《红楼梦》的场所,并使之成为具有较高文化品味的文化遗存。

五、会议认为,由于在打通两广路工程中,该院落处于道路红线之中,将被拆除,与会委员和专家呼吁崇文区政府和市规划部门、文物主管部门对此院落的留存予以高度的重视,对于保护、利用此处院落的方式,还要进行更加充分的研讨,制定出切实可行的方案。

2000年4月29日,新华社记者王军致信《人民日报》,呼吁请保留曹雪芹故居遗址。

北京广渠门大街二〇七号四合院,在近一年时间里,来访者络绎不绝。这个已有些衰败的院落去年被学术界认为是一代文豪曹雪芹的故居遗址,经媒介披露后,骤然成为社会关注的热点。二〇七号院现挤住着二十多户居民,已搭建了许多临时建筑,但旧时的院落格局清晰可见。

院落东侧的夹道旁,立着四扇屏门,上书"端方正直",这四个字在《红楼梦》里出现过,据专家考证,这极可能是曹氏家训。可是,发现曹雪芹故居遗址的消息披露后不久,这个院子就在道路工程中面临被拆除的境地。曹雪芹故居遗址南侧,一条从广渠门至广安门的道路将拓宽到七十米,近期就要开工。

曹雪芹故居遗址的发现者、中国第一历史档案馆研究员张书才一九八二年,在中国第一历史档案馆现存清代内务府档案中,发现一件雍正七年(一七二九年)的"刑部移会",可以确定,曹氏在蒜市口地区有十七间老宅,曹雪芹从南京回到北京后,就是在这个老宅里,开始了新的"历尽离合悲欢、炎凉世态"的人生旅程,并由家庭和自身的兴衰际遇中磨炼成长为中国历史上最伟大的古典小说家。

红学界已公认蒜市口这"十七间半"旧宅为曹雪芹旧居。曹雪芹在世界文学史上,是比巴尔扎克、托尔斯泰还要早的伟大文学家,我们应该把他的旧居很好地恢复起来,成为一个供世人瞻仰的地方。专家呼吁,应采取各种措施想方设法保留故居遗址,使其免遭被拆除的厄运。有一些学者提出,并没有必要将马路拓宽为七十米,将现有道路辟为单行线,在其南侧或北侧再利用现有的胡同辟一条相反方向的单行线,即可解决交通问题,这是国际通行的办法,还可节约投资。

2000年5月5日,居住在蒜市口16号院的马效贤也给崇文区文化文物局写了一封请求对广渠门内大街二百零七号院(原蒜市口十六号院)做文物鉴定函,现引述如下:

崇文区文化文物局:

我叫马效贤,是居住此院的居民。自去年八月份以来,新闻媒体对此院进行了大量报道后,到此院参观访问者近千人次,这中间有工人、解放军、民警、学生、市民、教授、宏志班师生、北工大师生、首师大师生、清华大学外籍研究生、政协委员、人大代表、台湾同胞等各届人士,人们对此院报以极大的热情与关注。特别是三月二十二日上午十点四十分,北京市市委书记贾庆林同志、副书记张福泰同志、副市长汪光焘同志一起来到此院视察,并仔细观看了"端正方直"屏门,询问了此院房屋变迁情况。四月六日下午四点五十分,北京市市长刘淇同志到此院视察,不但看了"端方正直"屏门,而且到中院北屋中间堂屋曾悬挂"韫玉怀珠"匾额处察看。

一、关于"端方正直"屏门

这四扇屏门,现存此院内东侧夹道。据我父亲讲,原来这四扇屏门不在此处,而是在中院南房位置。而现在南房在以前是一道东西向的院墙,在中间位置是这四扇屏门。据父亲回忆,我家在搬来此院时,就已经有这四扇屏门了。

恳切希望您们能够对此四扇屏门做文物鉴定,以确定其为何年代之物,又是何人所书写,进一步探究其历史渊源,为揭开此院的历史提供有价值的东西。

二、此院的规模、形状及认定

乾隆《京城全图》标明,今广渠门内大街207号院(原蒜市口16号院),是当时蒜市口地方唯一一处有18间房(或许门道为半间)的宅院。这是中国第一历史档案馆张书才老师考证得出的结论。

张老师进一步论证,在乾隆《京城全图》上,此院是一个三进宅院;临街房6间,房后为前院;西南角有南房3间,余空旷,与中院以东西向墙相隔(中间有门);中院北屋正房3间,东西厢房各3间;后院空旷无房(当是小花园),西北角向内凹进一段。全院共有房18间(包括大门),与曹家的"十七间半房"接近。而过去计算房屋间数多以门洞为"半间"。若确如此,则此院的房屋间数恰与"房十七间半"的曹宅相合。今广渠门内大街207号院(包括今临街门面房),既与乾隆《京城全图》上此院的形状、大小规模完全一样,可以说此院即是曹雪芹故居遗址。

再次恳切希望您们能够对此院做一鉴定,保留这一唯一一处有档案可据、有地图可证、有遗迹可寻的与曹氏有一定关联的宅院,应该就是曹雪芹曾经生活过的故居遗址。

申请人：马效贤
2000.5.5

针对此种情况，2000年9月12日，时任北京市副市长的汪光焘召集中国红楼梦学会、市政协以及市规划委、市文物局、崇文区政府等相关单位就"曹雪芹故居"问题进行了专题研讨，参加会议的人员有中国红楼梦学会9人、市政协21人、市人大2人，其余是市、区政府相关单位的领导，共60人左右。

按照会议的安排，由市规划委副主任魏成林向大家汇报了有关专家、政协委员提议保护崇文区广渠门内大街207号院的过程，以及目前各方面形成的对广渠门内大街207号院的二种处理意见：（1）不保留现状房子，只保留古井并竖立纪念碑；（2）将207号院移出规划道路红线，在蒜市口附近重新建。之后，汪光焘又作了三点说明：一是广安大街扩建是北京总体规划确定的；二是广安大街的建设与南城危改和环境相关联，扩建并不单纯是解决交通问题，更主要的是改善南城基础设施和居民生活条件，是十分必要的；三是"曹雪芹故居"是否保留的具体方案已反复开了三到四次会，综合考虑各方面的情况肯定要有取舍，这次会就是再听取大家的意见。

红学会张庆善、周思源、杜春耕、顾平旦、张书才、杜景华，市政协委员李燕、甘英等学者也发表了意见。主要是：（1）曹雪芹故居在崇文区蒜市口地区是有据可查的；（2）在广内大街207号院是不是文物建筑的问题上是有争论的,但该院对中国历史和红学研究有重要意义;(3)道路规划最好能改线,如果改变有困难,广内207号院只能移建,但不要离开蒜市口地区,同时要注意传统风格和周围环境;(4)有条件的话,应对广内207号院进行地下勘查考证;(5)现在已到决策的时候了,要综合考虑历史与现实、局部与整体的关系。

针对大家的意见,汪光焘最后提出:一是在对待"曹雪芹故居"以及广安大街文物保护问题上,市委、市政府、区委、区政府是非常严肃认真的,进行过反复研究,对大家的每次来信,贾庆林和刘淇同志都认真研究作出批示,充分体现了市委、市政府领导对北京市城市建设中弘扬传统文化内涵的高度重视。二是广内207号院的问题是红学研究深入的结果,也体现了对研究北京的文化和历史的重视。三是广安大街的规划建设为研究"曹雪芹故居"和曹氏本人提供了条件,为红学研究创造了机遇,起到了积极的促进作用。研究中出现了分歧是正常的。四是客观上"曹雪芹故居"问题给广安大街建设带来了一定影响,要找个结合点,一种办法是道路改线,改线会使争论继续下去;另一种办法是把握住这个机遇,使红学界将认识统一到曹雪芹故居在蒜市口地区,而不单指某个院落。这种统一避免了该院是否属文物的争论,与弘扬历史文化不同的是,文物问题是一个严谨的法律问题。总之,在不变更基本事实的基础上作必要的更新,作一点发展中的研究。

按照会上的部署,时任中国红楼梦学会秘书长张庆善代表红学专家反馈了七点意见。主要是:(1)认为9月12日的研讨会体现了市委、市政府领导对"曹雪芹故居"问题的高度重视，会开得很成功；（2）赞同我最后的四点意见；（3）会议提高了大家对保护曹氏故居的认识，即不是一般意义上的文物保护，而是保护中华民族伟大的文化遗产；（4）不仅要保护好曹氏故居，还应以此为基础修建一座曹雪芹故居遗址博物院；（5）希望将广内207号院原址保留，考虑到道路扩建的实际情况和困难，部分红学家对在"原址"附近重建"故居遗址"表示充分理解，但应是蒜市口地区；（6）在"故居遗址"设计中要充分考虑周围环境的文化氛围；（7）如修建"故居遗址"博物馆，红学家们一致表示全力支持。

市政协文史委反馈了四点意见，主要是：（1）应尽可能在原地保护；（2）如原址保护有困难，应在原址附近复建，不能离开蒜市口地区，并应对广内207号院旧址进行地下勘察；（3）复建的形式和名称应征求专家的意见；（4）原址或新址周围的环境要全面考虑，统一规划，以求协调。

汪光焘对下一步工作的建议为三点：（1）拟同意市规划委会同崇文区政府研究提出的将广内大街207号院移出广安大街规划道路红线，在蒜市口附近复建"曹雪芹故居"的方案。（2）市规划委对现状广内大街207号院进行测绘之后，即可将现状广内大街207号院拆除，以便不影响广安大街工程。拆除时请市文物局邀请中国红学会现场监督并同时207号院进行地上建筑和地下考证，以确定该院是否为真实的历史遗存。（3）由崇文区政府负责组织实施复建"曹雪芹故居"，并在工作过程中征求中国红学会和专家的意见。

种种讨论最后的结果是,遗址为道路建设让行。与此同时崇文区委、区政府承诺,待广安大街建成后,要在附近按照故居原貌复建,并开辟为曹雪芹故居纪念馆。拆除遗址已经成为事实,可以说,这是一次无可奈何的选择,一种难以弥补的遗憾。

第二节　蒜市口十七间半曹雪芹故居的拆除与发掘

20世纪80年代初,一些专家学者对照乾隆《京城全图》,对今天蒜市口一带的院落进行了详细勘察,他们渐渐把目标集中在蒜市口16号院(后改为广渠门内大街207号)。中国第一历史档案馆研究员张书才发现,此院与乾隆《京城全图》东三院的位置、格局均十分相似,特别是现存16号院后院西北角向内微微凹进一段,与乾隆《京城全图》上所绘十分吻合。更"巧合"的是,该院现存四扇屏门,上面刻有"端方正直"四字,而通行本《红楼梦》第二回"冷子兴演说荣国府"一段,说贾政"自幼酷爱读书,为人端方正直,祖父钟爱"。这又为此院是雪芹故居添了一个佐证。中国红楼梦学会会长冯其庸说:"历史变迁,蒜市口只剩下这个16号院历史久远一些了,并通过考证,它是曹家旧宅的可能性很大。"

关于此院是否为曹雪芹故居,红学界多数人认为是;但也有不同意见,因为以上证据可以有各种解释,尚不足以百分之百地认定此院就是曹家旧宅。90年代末，因广安大街扩建改造提到议事日程，此院面临拆除；有关部门同红学界多次论证16号院的存留问题，也曾设计了复原效果图。但是，几经反复，最终还是拆除后易地复建的意见占了上风。

2000年10月，广安大街扩建改造工程已经推进到了蒜市口16号院的周围，此院两侧已是一片瓦砾。受人关注的四扇屏门，已被该院的一家住户拆走。

10月初，施工队进入16号院，首先清理、拆除私搭乱建的临时房屋。此时，此院的拆与留似乎还在等待决策者的最后决心。

10月下旬，院内基本清理完毕，院子的现存格局显露出来。经实测此院格局如下：整个院落南北长48米，东西宽19米，总占地面积900余平方米。前院（相当于《京城全图》蒜市口"东三院"的中院）现有房屋16间，计正房3间及东西耳房各1间，东西厢房各3间，南房3间及东西耳房各1间；前院之外还有临街门脸房4间。后院现有房12间，计正房3间及西耳房1间、东耳房2间，东西厢房各3间。此院原街门已改建为门脸房，前院与后院凭沿着东墙的一条宽约1米、长约32米的狭长通道与大街相通。

11月初，可能已经接到决策者的拆除命令，施工队开始全面拆除地面建筑。12月初，除后院正房北墙及部分东西残墙外，地面建筑已拆除、清理完毕，房屋基础的轮廓清晰展现。河南洛阳文物勘探公司的人员进入现场，在施工队的配合下，开始基础的挖掘、勘探、测量工作。可惜的是，此时前院的南房及耳房5间、门脸房4间的地基已被推土机破坏，无法勘测。发掘中不断捡拾到一些瓷器碎片，有日用粗瓷，也有细、白、薄的手绘青花瓷，有的绘有龙的图案，但没有发现带完整字迹的瓷片。

12月中旬，部分房屋基坑清理完毕。前院东西耳房基坑中发现残存的下水道遗迹，包括穿过基础时的砖拱券和部分铺底砖。前院东西厢房基坑1米深处，都发现了"工"字形的砖砌灶台基础，灶坑内有残存的灰红色煤灰。

12月下旬，前院正房东北角开挖出东西宽3.5米、南北长4.5米、深2.6米的探坑，砖砌基础和基础下的夯土层清晰可见。砖砌基础深1.4米，夯土层共9层，深度约1.1米，以下是基本未扰动的土层。①

2000年12月18日，北京市崇文区房屋土地管理局下发《关于广安大街207号院"曹雪芹故居"清理拆运工程发生费用的函》（崇房发〔2000〕87号），现引述如下：

崇文区文化文物局：

根据市、区文物局对广安大街207号院"曹雪芹故居"需要进行考证，不准随意拆除，要对整院、整体房屋逐步进行清理的要求，我局崇文门房管所组织人员进行了逐步清理，并将清理出的木件、砖瓦全部运到区文物局的指定地点。该院共有房屋38间，清运期间，崇文门房管所出动清理拆运工力336个，每个工力按30元计费，发生

---

① 参见红建设《蒜市口16号院房屋基础发掘纪实》，《红楼梦学刊》2001年第3辑。

费用 10080 元；运输费用 5705 元，共计 15785 元，请区文化文物局帮助解决并支付崇文门房管所清理拆运费用 15785 元。

此致

崇文区房屋土地管理局
2000 年 12 月 18 日

经过挖掘及清理，后院"文革"时修的防空洞顶部被掘开，紧贴防空洞南壁的古井显露出来，井口直径 0.65 米，残存井口距现地面 2 米，残井深约 4 米，井内几乎填满炉灰。前院东厢房西墙基夯土之下，距现地面 1.5 米处，发现宽 2.8 米、长约 5 米的一段南北走向的砖砌甬路，这是该院发现的唯一一处比现存所有房基都老的建筑遗迹。

12 月 30 日，16 号院基础发掘的最后一天。文物部门通知了红学界等有关人士，胡文彬、张书才、杜春耕等红学专家现场做了最后视察，新华社北京分社王军先生也到现场进行了采访。众人分别拣了砖头、瓷片等留作纪念。张书才先生收集了几块瓷片，其中一块碗底有"玉堂佳窑"字样。

根据这次蒜市口 16 号院现场发掘的情况，结合有关史料及专家的研究成果，红建设在《蒜市口 16 号院房屋基础发掘纪实》一文中做出如下推测：

现存前院正房 3 间、东西厢房各 3 间的基础确是清代前期所建，虽经过翻建，但格局不曾改变。

红建设认为此条推测的理由如下：

第一，基础较深。3间正房的砖砌基础深达1.4—1.5米，砖下还有深约1米的夯土层，总深度达2.5米左右。如果是平地盖新房，而且是一般的民用平房，开挖如此深的基础是不可思议的。只有年代久远经过多次翻盖的老房子的基础才可能这么深。城市里老街道、老房子、老院子在历史的变迁中，一般都会发生街道地平面逐渐升高，而院子相对变低，房子相对变矮的现象，或者房子、院子在历次的翻盖中随着街道的升高而升高，而地基埋于地下不易损毁，翻盖中一般不会完全拆除，只会逐渐砌高，使其与地平面相对变得越来越深。

因为，每次路、房、院的翻建，为了节省人力物力，一般都不会把旧的地面清除运走，而只是把新的材料直接铺上，甚至还会把部分拆旧的渣土就地摊铺。因此，日久年深地平面就逐渐升高了。今天街道的改造，多数情况下也还是采用不清除旧路面，而在其上直接铺装新路面的方法。

第二，基础上下采用了不同的黏接材料。正房基础最上面5层砖采用青灰黏接，而下面砖层采用就地取土掺和少量白灰黏接。据洛阳文物勘探公司的马孝和先生说，下面是百年前老地基的常用砌筑工艺。

第三，基础有明显的翻建分层现象，但上下位置没有错位。在发掘的后期，发现东西厢房基础都有翻盖痕迹。西厢房南墙基上面的10层砖其形状大小及砌筑工艺都十分凌乱，下面5层则比较整齐，为3层平铺夹2层立砖的工艺。西房北墙基础的5层砖之下，发现了抹有白灰层的砖墙，这表明早期屋内地平面比现在低5层砖，因为，白灰层只能抹在地面之上的墙面，而不可能抹在地基下面。以上情况表明此房至少经过 2 次以上的翻盖，但格局没变。

一般砖木结构的民房，地面以上部分经 50—100 年就会翻盖一次；基础部分往往要 100 年以上才会翻建。据此推断，前院房屋基础有 200 年以上历史，是可信的。

第四，现场发现了写有"大清辛亥年制"的青花瓷碗底。清朝入主中原之后经历了五个辛亥年，即，康熙初年的 1671 年、雍正年间的 1731 年、乾隆末年的 1791 年、道光末年的 1851 年、宣统末年的 1911 年。这只碗是何年所制，笔者不是专家不能断定，是清代所制是肯定的。这无疑也是房屋年代的佐证。

第二条推测是关于早期后院是否存在房屋：

现存前院与后院的房屋基础是不同时期所建，前院先建，后院为后。因此，可以断定早期时后院是没有房屋的。

理由如下：

第一，后院正房砖砌基础为 1 米，比前院浅了 0.4 米，这是后院比前院晚建很多的明证。（参见推论 1、理由之一）

第二，后院房基用砖规格更凌乱，碎砖更多，砌筑工艺、整齐程度都明显逊于前院。可以这样推想：随着人口的增加，后院增建房屋时，主人的财力、心气都已不济。因此，施工及用料质量低下，则是很自然的。前院正房其东西耳房的基础也有类似现象，其为后建甚明。

如果以上推论不谬，则现在的前院（相当于乾隆《京城全图》蒜市口"东三院"的中院）在初建时只有正房 3 间、东西厢房各 3

间，总计9间，而后院只是个空院子。这样一来，与乾隆《京城全图》蒜市口街东数第三个院子的中、后院的格局就完全吻合了。

但可惜的是，16号院前院南房及临街房的地基（相当于乾隆《京城全图》中的前院及邻街房）在发掘前已被破坏，现存房基下面是否有与之不同的老房基，其格局是否与乾隆《京城全图》所载相吻合，已无从知晓了。

据此，红建设提出第三条推测：

蒜市口16号院基本可以认定就是《乾隆京城全图》蒜市口街北侧东起第三个院落。

理由是位置吻合。从乾隆《京城全图》上看，蒜市口街北侧共有6个院子，"东二院"与街西口隔3个院子；蒜市口街全长约120米（蒜市口街很短，东起石板胡同西至崇文门外大街，可参见1949年版《最新北平大地图》，1999年武汉测绘大学出版社影印版），按每个院子平均宽约20米计算，则"东三院"西墙距街西口应该约60米。经实测蒜市口16号院宽19米，其西墙距街西口正好约60米，位置完全吻合。"东四院""东二院"距街西口不是太近就是太远，可以排除。[1]

拆除过程中的考古发掘进一步印证了这里就是曹氏故居。2000年挖出的207号院老地基，最底下部分正是明末清初建造的，而地

---

[1] 参见红建设《蒜市口16号院房屋基础发掘纪实》，《红楼梦学刊》2001年第3辑。

基的布局恰好就是"十七间半",由此可见,这里是曹氏故居的可能性就更加确定了。广安大街完工后,崇文区委、区政府决定在距离原址向北300米处复建故居,建筑面积为500平方米,并辟为曹雪芹故居纪念馆。

第三节　蒜市口十七间半曹雪芹故居复建纪实

2003年9月5日,在有关方面举办的纪念曹雪芹逝世240周年学术活动新闻发布会上,中国红楼梦学会副会长蔡义江正式透露,经过文献档案考证及考古发掘证实,曹雪芹在北京的故居遗址已能确认为就是"蒜市口十七间半"。待两广大街完工后,崇文区委、区政府将在距离原址向北300米处,复建故居,并辟为曹雪芹故居纪念馆。

复建工程总体思路[①]将以乾隆《京城全图》为蓝本,以原207号院"十七间半"的房屋占地面积为参考,建筑面积定为500平方米。房屋间数和布局将依据《京城全图》所标示,突出康熙、雍正时期北京南城民居的建筑风格,恢复曹氏故居旧貌。复建方案已经通过专家认定,平面图的初稿也已设计完毕,待地铁5号线完工、地面清理

---

① 参见刘守华《档案考证曹氏故居复建依据〈京城全图〉》,《中国档案》2003年第12期。

完毕后，复建工程就正式动工。

新闻发布会后，张书才接受了采访。他说，这次在曹氏故居的发现、复建过程中，档案的作用是不可漠视的。而在自己多年的研究生涯中，依据档案研究出成果，其成果又受到政府如此关注，这种情况还是不多见的。

2003年9月6日，《人民日报》（海外版）第4版"要闻·社会"刊载《曹雪芹北京故居遗址被确认 红学家考证为"蒜市口十七间半"》[1]一文，再一次提道"中国红楼梦学会及北京市政协的专家确定，曹氏在蒜市口地区有十七间半老宅。……这些专家仔细查对了清代乾隆《京城全图》，在蒜市口地区发现仅有一处院落是十七间半房。他们再赴实地考察，基本确认档案中所说的'十七间半'房，即为广渠门内大街207号或邻近的两个院落"。

但是，令人遗憾的是，复建方案甚至故居纪念馆的展陈方案都早已完成，但复建工程却一拖再拖，迟迟没有开工。在北京市每年召开的"两会"上，总是会有人大代表、政协委员呼吁"加速复建曹雪芹故居"，并提出议案和提案。有关方面的回复是，由于复建工程所在地块用地规划审批等问题未能解决，导致复建工程不能启动。[2]

2006年，当时的民盟崇文区工委主委王金钟退休，卸任前他特意将呼吁复建曹雪芹故居的事情拜托给当时任崇文区政协委员的宋慰祖。从崇文区的政协委员到北京市人大代表，再到北京市政协委员，

---

[1] 王军：《曹雪芹北京故居遗址被确认 红学家考证为"蒜市口十七间半"》，《人民日报》（海外版）2003年9月6日，第4版"要闻·社会"。
[2] 参见刘守华《50年前探寻曹雪芹身世的田野调查》，《寻根》2016年第6期。

12年来，宋慰祖一直四处奔走，呼吁复建"蒜市口十七间半"曹雪芹故居。出生在广渠门大街，从小在"十七间半房"玩耍，宋慰祖没想到自己和曹雪芹曾经在空间上如此接近。"我一看地点，广渠门大街207号院，那地儿我熟啊！我从小就在那条大街上住，小时候和伙伴们在大街上玩，经常跑到那个院子里去喝水。"他至今还记得那个院子很有特色，小夹道，绿色的四扇屏门，写着"端方正直"四个字。从那以后他也成了"红迷"，在自己生活的广渠门大街寻找《红楼梦》里的踪迹。① 在他的不懈努力下，2019年1月23日上午，北京两广路磁器口路口东北角一个平常的小院里，随着奠基的一锹土铲起，1999年修两广路时拆除的"蒜市口十七间半"曹雪芹故居复建工程正式启动。② 作为为此整整呼吁了12年的提案者，北京市政协常委、副秘书长，民盟北京市委专职副主委，北京国际设计周的建议人，工业设计高级工程师宋慰祖铲下了第一锹奠基的土。

项目建设方介绍，复建的"十七间半"是根据拆除时留下的照片，并参考了同时期文献照片以及红学专家的建议，将原汁原味复制这"十七间半"房屋在清末时的形制。院落占地790平方米，三进房屋，建筑面积约440平方米。复建将采用文物复建的模式，房顶依旧采用木结构框架，从工艺到原材料都使用清末形制，建设过程中也将尽量使用当时拆除的老物件。院落前部还将配套建设一个约200

---

① 参见《曹雪芹故居启动复建：恢复清式三进四合院 明年3月完工》，新华网2019年1月23日（https://baijiahao.baidu.com/s?id=1623438440056347660&wfr=spider&for=pc），访问日期：2022年5月20日。
② "十七间半"原址就在磁器口路口处，1999年修两广路的时候拆除了。复建的"十七间半"位置在原址的东北一点。

平方米的绿地，成为中心城区一个新的文化地标。①

此次复建曹雪芹故居，配合首都功能核心区未来建设规划。首都功能核心区将建设成为政务环境优良、文化魅力彰显和人居环境一流的首善之区，作为全国政治中心、文化中心和国际交往中心的核心承载区。延续古都历史格局，推动老城内外和谐发展，融汇历史人文景观和现代城市风貌，塑造平缓开阔、壮美有序、古今交融、庄重大气的城市形象，正需要各界给予重视，携手参与，贡献力量。项目开发初期，工程人员便迎来第一个难题，曹雪芹所生活年代的建造技术已经失传，如何找到传统工艺的施工方式是当时工程要解决的首要问题。对此，项目方表示"为捕捉住这座历史建筑的每一缕神韵，我们既从横向探讨，研究项目与整个北京城、崇文门外地区及蒜市口一带的关系；更从纵向求索，发掘曹雪芹所处的历史环境及明清古建筑特色；多次拜访明清古建筑专家，虚心向历史、建筑、文学等各界专家请教，为项目的启动做足了准备"②。

宋慰祖认为：复建曹雪芹故居并非为了建设一处景点，而是要保护弘扬中华优秀传统文化，延续城市历史文脉，保护好前人留下的文化遗产。世界各国著名城市都会为世界级文化名人建馆立像，莎士比亚、莫奈、凡·高、莫扎特、安徒生这些闻名于世的文豪、艺术家

---

① 参见《北京磁器口曹雪芹故居启动复建 这"十七间半"将建成什么样？》，北晚在线（https://baijiahao.baidu.com/s?id=1623427301108234621&wfr=spider&for=pc），访问日期：2022年5月20日。

② 《北京曹雪芹故居复建项目落成 新世纪中国重现历史古蕴》，中国网地产（https://baijiahao.baidu.com/s?id=1681593126610430808&wfr=spider&for=pc），访问日期：2022年5月20日。

无不是城市文化的符号和标志。《红楼梦》被翻译成100多种文字，曹雪芹是世界公认的文豪，也是面向世界的中国文化符号。他建议构建以曹雪芹故居为中心的"红学旅游线"——以磁器口曹雪芹故居为起点，向东可看卧佛寺的老枣树、隆安寺、向西进兴隆街看城南会馆文化，向南去珐琅厂、玉器厂、百工坊、天坛工美参观老北京传统手工艺，还可将北京市留有曹雪芹足迹和印记的黄叶村曹雪芹故居纪念馆、城市副中心张家湾的曹雪芹墓等串联起来，加之西城的大观园、恭王府的景区，构成北京曹雪芹与红学文化游的经典线路和旅游产品，这远比凭空造一个水镇、园林要有价值得多，带来的旅游消费要高得多。①

2020年9月25日上午，作为"2020年京杭对话"8个主场活动之一的"曹雪芹在京遗迹保护与传承"专题论坛在通州希尔顿酒店召开。② 宋慰祖做了"关于建设曹雪芹《红楼梦》纪念馆，开发红学旅游线路打造国际文学打卡地"的报告，宋慰祖对故居复建之后如何开发利用，提出了自己的看法和建议。他追忆了蒜市口曹雪芹故居纪念馆的立项、动工、建成过程，并对这一项目进行了展望。东城区

---

① 参见《曹雪芹故居启动复建：恢复清式三进四合院　明年3月完工》，新华网2019年1月23日（https://baijiahao.baidu.com/s?id=1623438440056347660&wfr=spider&for=pc），访问日期：2022年5月20日。

② 该论坛由北京市文物局党组书记、局长陈名杰同志主持。北京曹雪芹学会创会会长胡德平、中国红楼梦学会副会长孙伟科、北京市政协副秘书长宋慰祖等10余位长期关注曹雪芹研究的专家，以及中共海淀区委宣传部北京植物园曹雪芹纪念馆、东城区文物管理所、海淀区温泉镇、海淀区圆明园管理处、通州区张家湾博物馆代表共同出席论坛，并就曹雪芹在京文物资源的整体性保护和利用问题进行了卓有成效的讨论。

文化与旅游局二级调研员陈健表示,要紧紧围绕曹雪芹在京的生活历史,挖掘包括传统文化、红学文化、京味文化的多元文化,通过展陈、体验、互动、文创开发等手段,树立老城保护的标杆。东城区正在牵头设计曹雪芹故居纪念馆的展陈工作,下一步将在政府主导下,尝试市场化运作,做到可持续化发展,将其打造成传统文化传播的基地。东城区文物管理所所长李强介绍了曹雪芹故居纪念馆的基本情况及展陈思路。他提到,在制定展陈方案方面有几个原则:一是要突出地域性、强调人物,同时考虑纪念馆后期运营的可持续性;二是要突破物理空间的限制,从线上到线下,从故居到曹学、红学以及传统的中式美学等,让它发散性地发展。

这次论坛第一次系统梳理了北京市有关曹雪芹在北京的遗存和文物文化资源,由文物部门组织研究曹雪芹在北京留下的遗址、遗迹、文物、口碑传说。论坛上,各位专家就自己多年的研究成果,详细介绍了曹雪芹在京遗存的历史情况、与曹家的关系、与《红楼梦》创作的关系。[①]

2021年1月27日上午,东城区区长金晖调研曹雪芹故居复建及故居纪念馆展陈运营筹备工作。东城区副区长刘俊彩、区政府办主任王森、区文旅局局长向旭东、区规自分局局长白劲宇及新世界中国、K11北区等人员陪同。

金晖实地考察了位于磁器口路口东北角的曹雪芹故居纪念馆,

---

① 参见《北京文博 | "曹雪芹在京遗存保护与传承"专题论坛成功举办》,https://mp.weixin.qq.com/s/u38xQZuxo8M2GJjyqaVNPA,访问日期:2022年5月20日。

现场了解了曹雪芹故居的历史价值、复建工作进展，听取了故居纪念馆展陈设计、后续运营计划，考察了复建文物的周边环境等。在考察后，金晖指出：纪念馆展陈需关注原文物遗存，注重学术严谨性；要建立与红学会等专业学术机构的合作机制，为学术研究成果搭建展示与交流的平台；深入研究活化利用机制，为东城区其他文物活化利用提供模板；不要简单地就文化论文化，要积极引入企业和其他社会力量加大宣传，拓展兼容艺术、非遗、演艺等优质资源，合力将曹雪芹故居纪念馆打造成可持续发展的文化新坐标。①

---

① 参见《东城区领导调研曹雪芹故居复建及故居纪念馆展陈运营筹备工作》，《潇湘晨报》，(https://baijiahao.baidu.com/s?id=1690213130196065745&wfr=spider&for=pc)，访问日期：2022 年 5 月 20 日。

第四章 曹雪芹与《红楼梦》文化遗迹建设的当代价值

1949年之后，曹雪芹的遗迹和传说被广泛搜寻；新时期以来，与曹雪芹和《红楼梦》有关的文化景观开始建设；而21世纪以来，曹一红文化遗产又深受非物质文化遗产保护与传承的影响。几十年来，"文化遗产"（Cultural Heritage）的内涵已发生极大改变，这在一定程度上归因于联合国教科文组织（UNESCO）制定的若干文书。文化遗产并不仅仅限于古迹和文物专藏，它也包括从我们祖先那里继承下来并传给我们后代的传统，即活形态表现形式（Living Expressions），如口头传说、表演艺术、社会实践、仪式和节庆活动、有关自然界和宇宙的知识与实践，以及制作传统手工艺的知识和技能。

中国于2004年8月28日成为第六个加入《保护非物质文化遗产公约》的国家。2006年，我国开始推行三级非遗保护体系，设置国家级、省级、区级非遗名录，非遗的保护和传承工作在国家管理体系中逐步开展。在这一文化语境中，基于曹雪芹生活故地的曹雪芹传说的搜集整理更突出了其"地方感"，强调其与特定地域人们的真实生活和思想感情的关系[①],而曹雪芹文化遗迹的复建和《红楼梦》文化景观的构建则被纳入当代文化建设的新时代语境之中。

第一节　蒜市口十七间半曹雪芹故居纪念馆在曹—红文化景观体系中的定位

蒜市口十七间半曹雪芹故居纪念馆作为一种文化景观转化为当地民众的"文化标志",转化为文化叙事"传统"的"核心"。其中关于红楼故事、红楼文化的展板介绍及视觉的展演（Performance）模塑着新型社区的"传统底色"。艾哈迈德·斯昆惕（Ahamed Skounti）谈到"传统的发明"时表示:"当前,我们正处在人类历史上的一个转折性时期,充满不确定因素。自古以来,人类从未像今天这样动员起来并充满热情地保护过去的遗产,特别是在不同社会间大范围接触和对资源进行以消费为导向的过度开发的背景下。这种遗产保护意识的产生有一个先决条件,即'地方性的生产'（Production Delalocalité, Appadurai 1996）及其模式与机制的转变,同时还造成了一个代价,即在周围一切或几乎一切遗产都消失的时候,感到惊恐

---

① 参见毛巧晖《民间文学的搜集整理与知识生产：以曹雪芹传说为中心的讨论》,《红楼梦学刊》2020 年第 6 辑。

的人们才去寻找坐标（Repères）和里程碑（Bornes），以维系他们陷入剧变中的命运。正是在这种情况下才出现了遗产的生产，不论是遗址、文物、实践或理念，这种遗产的生产能够恰如其分地被视为一种'传统的发明'（invention de la tradition）"①。

纪念馆与其他类型曹—红文化景观的显著区别之处在于"人"——纪念对象，因纪念人物的历史贡献与社会价值产生了跨越时代的影响力，其精神为社会意识形态认可并推崇，纪念的动机便会产生于对此意识的认同之中。人物纪念馆不仅要通过展示与纪念对象相关的馆藏文物、展品呈现个人生平、历史贡献和社会价值，更重要的是建构纪念人物所体现或代表的优秀民族精神的认同。②

20世纪20年代，在风俗调查中，研究者已经意识到要像建立博物馆一样，建立风俗博物馆，以保存书籍、在实地调查中获得或征集之器物，这些器物包括承载着"风"之意涵的"各种服饰、器用及其模型、图画、照片……类"③。风俗博物馆侧重"古代之文明人类进化之程序，资料以外，尤必资借于实物及遗迹之考察也"④。但在陈列中延续了中国古代金石学的传统，多为金石拓片。据1924年

---

① ［摩洛哥］艾哈迈德·斯昆惕：《非物质文化遗产及其遗产化反思》，马千里译，巴莫曲布嫫校，《民族文学研究》2017年第4期。
② 参见方云《人物纪念馆叙事策略与认同建构研究——以上海黄道婆纪念馆为例》，《原生态民族文化学刊》2020年第4期。
③ 容肇祖：《北大歌谣研究会及风俗调查会的经过（续）》，《民俗》1928年第17—18期。
④ 《研究院纪事》，《国学论丛》1927年第1期。

《研究所国学门考古学陈列室所藏金石拓片价目》[1]记载,陈列之物包括"三羊镜""青羊镜""白虎在右镜""上方镜""明镜""天马葡萄镜"等。这一时期,民俗博物馆的"陈列"已经意识到应该建筑在"人民的生活风俗与习惯上":

> 人民生活的要素,可以分为物质的和社会的(或文化的)两种在物质方面的材料,可以包括人民生活中应用物品的全部。例如:日用器具、民间工艺,及其他一切民间的器物。至于社会方面的那更多,可以包括人民全部的生活状况。例如:婚、葬、礼俗、会社及其他民间之固有组织,人民之生活等类……[2]

在对有形之"物"重视的同时,学人们也逐渐意识到民俗博物馆"陈列"中的缺陷,即很多陈列都屏蔽了人文和历史环境,并非活的再现。虽然学者们希冀通过"陈列"使走进博物馆的"观众"得到"相当的知识"——"如同走遍了一个世界的人间一样"。但这实际上是一种理想状态下的民俗博物馆功能的最大化。这就使得"陈列"与"物"所承载的"知识"之间产生了内在矛盾。故学人在20世纪三四十年代围绕"有形与无形""物与非物""遗产所属权"等问题展开了讨论。其中许地山的《国粹与国学》具有一定代表性。许地山较为认可"国粹"即"本国特有的优越的民族精神与文化"的观

---

[1] 《研究所国学门考古学陈列室所藏金石拓片价目》,《北京大学日刊》1924年第1397期。
[2] 荆三林:《民俗博物馆在现代中国之重要性》,《学术世界》1936年第2期。

点。他认为:"一个民族所特有的事物不必是国粹","一个民族在久远时代所留下的遗风流俗不必是国粹","一个民族所认为美丽的事物不必是国粹","一个民族在物质上、精神上与思想上对于人类,最少是本民族,有过重要的贡献,而这种贡献是继续有功用,继续在发展的,才可以被称为国粹"。他还谈到"国家的承继物"(National Inheritance)或"国家的遗产"(Legacy of the Nation)的重要性:

> 文化学家把一国优越的遗制与思想述说出来给后辈的国民知道,目的并不在于"赛宝"或"献宝"……只是要把祖先的好的故事与遗物说出来与拿出来,使他们知道民族过去的成就,刺激他们更加努力向更成功的途程上迈步。所以知识与辨别是很需要的。[①]

在这里,许地山从"物"出发,指出"祖先底好的故事与遗物"的重要性,在文化的"延续性"与"发展性"中,"知识与辨别"显得尤为重要。这一观点在抗日战争时期解放区的各类"展览会"中得到了进一步发展。20世纪40年代,在苏联社会主义博物馆学的影响下,解放区的各种"展览会"尤为注重对民众的革命教化及宣传。[②]如1941年4月23日,延安蒙古文化促进会蒙古文艺考察团,召开蒙古文物展览会。展览品包括绘画八十六帧、照片四十五帧、喇嘛法器二十八件、图案画四十三张及喇嘛经铜器、内蒙古革命文件多种。其

---

① 许地山:《国粹与国学》,商务印书馆1947年版,第150—169页。
② 参见中国革命博物馆编《解放区展览会资料》,文物出版社1988年版,第1—2页。

中以图案画、宗教画、内蒙古革命文件最为宝贵,由此"可远窥蒙古过去之灿烂文化与革命史迹"①。此时的"展览会"囿于战争环境,依旧偏重于"物"的展示,但已经开始关注到"展陈空间"的选择,除了利用民众教育馆、政府礼堂、学校的课堂、机关的窑洞或临时搭起的席棚等地点举办"展览会"之外,还有意识地利用庙会等"传统公共空间"的民间文化符号。

新中国成立后,更加注重文化遗产的保护。这一时期博物馆、纪念馆的陈列或展示大多围绕社会主义多民族文化的推广与传播展开,与当时的识字运动、扫盲运动及工农兵通俗文艺运动的开展相结合,呈现了民间文艺价值与功能的变化。②新时期,随着国际交流的增多,我国建设了大量的民间文学资料馆、民俗陈列室、民俗博物馆、人物纪念馆等。20世纪80年代,我国各地陆续建立曹雪芹纪念馆,如北京香山开馆的曹雪芹纪念馆③、辽阳的曹雪芹纪念馆④、南京的曹雪芹纪念馆⑤等。

蒜市口十七间半曹雪芹故居纪念馆作为曹—红文化景观空间具有重要的保护价值和发展潜力,扩大了红楼文化内涵,促进了红楼文化的传播,拓展了红学研究空间,促进了红学研究的繁荣。同时,也

---

① 中国革命博物馆编:《解放区展览会资料》,文物出版社1988年版,第56页。
② 参见张炼红《从民间性到"人民性":戏曲改编的政治意识形态化》,《当代作家评论》2002年第1期。
③ 舒展:《曹雪芹纪念馆在北京香山开馆 各界近千人出席开馆典礼并参观曹雪芹创作与生活环境展览》,《人民日报》1984年4月23日,第1版。
④ 陈殿升、长江:《曹雪芹纪念馆在辽阳建成》,《人民日报》1996年9月18日,第5版"教育·科技·文化"。
⑤ 《南京建成曹雪芹纪念馆》,《人民日报》1997年10月9日,第12版副刊。

丰富了市民文化生活，延展了地方文化产业发展空间，对打造城市文化名片，树立良好的城市文化形象皆有积极意义。

德国人文地理学家施吕特尔（Otto Schluter）于1906年提出"文化景观形态"的概念，强调景观既有它的外貌，在它背后又有社会、经济和精神的力量，并把文化景观分为可移动和不可移动两种形态。前者指人以及随人移动的物品等，后者则通过文化作用于自然景观的全部效果来反映。① 德裔美国学者萨奥尔（Carl Ortwin Sauer）② 于1925年发表了《景观形态学》一文，指出人文地理学的核心是解释文化景观。他认为，审视"景观形态"，就是观察诸如建筑结构、聚落、土地使用模式的物理形式，此观点易于理解，并能够被纳入遗产框架，且不会挑战该框架的科学和实证主义基础。

20世纪50年代初，英国历史学家霍斯金斯在《英格兰景观的形成》（The Making of English Landscape，1955）中提出"对于知道怎样阅读的人来说，英国景观本身就是我们所掌握的最丰富的历史记录"，"景观背后所隐藏的历史，或者景观中的历史跟我们原本意上所学的英国的农业史、经济史、社会变迁的历史、城镇化的历史都是息息相关的"。③ 20世纪70年代，对于空间研究出现了以现象学为理论基础的"文化转向"。人文地理学者以存在主义、现象学和人本主义的研究视野，关注具体群体的"空间生活经验"（The Lived

---

① 参见姜异新《新文化景观——沙滩红楼》，《书屋》2014年第12期。
② 一般译为卡尔·索尔，这里采用本文译名。
③ [英]W.G.霍斯金斯：《英格兰景观的形成》，梅雪芹、刘梦霏译，商务印书馆2018年版，第14页。

Experience of Space)和"地方感"(The Sense of Place)等研究主题。20世纪90年代,进入文化遗产领域中的景观概念,既包含地理学中对"人地关系"研究的景观论传统,也是地理学研究主旨从"空间特征"向"文化现象"转换的最新成果。

蒜市口十七间半曹雪芹故居纪念馆打造的文化景观,从地方叙事、地方建构、地方体验三个层面为曹雪芹故居文化认同体系的形成提供了生命经验与情感纽带,人们也在与地方的"接触和体验"中,实现了自身的审美文化价值观的满足与重构。蒜市口十七间半曹雪芹故居纪念馆以大观园的空间溯源,为元宵节元春省亲而筹建。通过场景描述大观园里的故事,在故居的东南翼让读者在探索曹雪芹生平中激发对其的文学作品的一系列体验,以大观园的描述为灵感设计入口花园,用象征性的设计元素回溯他的生活,故居内部的种植设计参考了《红楼梦》中描述的植物种类,以营造故事中花园和房屋的氛围,包括杏花、石榴、木芙蓉、紫丁香等。

第二节 新时代语境下曹—红文化景观的运营模式与运营现状调研

詹姆斯·费伦(James Phelan)曾指出叙事是"有目的交流","叙事焦点的目的性,往往决定着采用何种叙事方式,在这些方式中,任何叙事的要素,例如人物、声景、情节结构在被运用到更大的结局中呈现出来。焦点集中在叙事上,亦呈现多层次的交流"。①

人物纪念馆为达成向观众讲述历史人物故事和弘扬人物精神的叙事,所选择的叙事策略由不同样态的叙事文本呈现。正如米克·巴尔所指出的,"博物馆叙事文本中,执行者通过某种媒介讲述故事,这种媒介可以是语言、意象、声音、建筑,也可以是它们的混合"②。纪念馆所呈现静态或动态的叙事文本,借由跨媒介的叙事符号建构,这些符号可以是语言的,如口头的、文字的、数字的,也可以是物象的,如建筑空间、物品、图像、纹饰,还有动态行为的,如技艺展演、文化事件与活动,以及多媒体的,如声音解说、导览、音乐、影像等,这些混合的媒介共同构成叙述(讲)故事的文本。简而言之,纪念馆的叙事是通过若干媒介视觉化符号构成静态文本,并结合不同指向事件的动态叙事行为,共同建构了纪念馆的叙事策略。

一、各地的"大观园"建设

《人民日报》1981年2月9日第4版《淀山湖畔兴建"大观

---

① [美]戴维·赫尔曼等:《叙事理论 核心概念与批评性辨析》,谭君强等译,北京师范大学出版社2016年版,第3页。
② Mieke Bal, *Narratology: Introduction to the Theory of Narrative*, Toronto: Univeristy of Toronto Press, 1997.

园"》一文报道，上海市淀山湖风景区的大观园①第一期地形工程施工结束，第二期工程已经开始动工。潇湘馆、蘅芜院、稻香村、怡红院、大观楼等处开始呈现出林木葱郁、翠竹婆娑、流水潺潺、怪石突兀的景象。目前这项工程除完成地形施工外，还在四周种了三千多棵水杉、紫柏等树木，并从浙江天目山区移来了三棵形状奇特、已长二百多年的"胡秃子"树和一百多年的紫藤等名贵树木。潇湘馆的四周种了一片片的檀竹、斑竹等观赏竹。打唱台的地基、滴翠亭旁边的石驳均已垒成，紫菱洲到藕香榭之间的长曲廊也已建成。一艘具有民族风格的石舫已接近完工。1981年第一季度，大观园的第二期工程中，将根据中国古典园林的艺术风格，开始怡红院和潇湘馆的建筑施工。

位于北京城西南隅的北京大观园是从1984年动工兴建的。第三期工程修建的有大观楼、含芳阁、缀锦楼、嘉荫堂。历时4年半的大观园工程至此全部完工。大观园占地面积12.5公顷，共有40个景点，包括沁芳亭、怡红院、潇湘馆、秋爽斋、滴翠亭、稻香村、暖香坞、藕香榭、芦雪庭、红香圃、蓼汀花溆、凸碧山庄、凹晶溪馆、栊翠庵等。②1996年正式成立北京红楼文化艺术博物馆，现已成为具有

---

① "大观园"工程是为上海发展旅游事业的需要而建设的，它是淀山湖风景区的一个组成部分。这个工程由上海市园林管理局设计人员根据曹雪芹在《红楼梦》一书中的描绘，参照北京故宫日本展出的"大观园"模型，又请教北京红学会的研究人员以后，精心设计出来的。整个"大观园"工程占地160多亩，共挖泥40000多土方，其中平地而起的土山约有9米高。

② 参见邱洪波、黄智敏《北京大观园第三期工程竣工》，《人民日报》1989年2月5日，第3版。

古典园林外观、红楼文化内涵、博物馆功能齐全的旅游场所，在占地13公顷的范围内，40余处亭台楼阁、佛庵庭院配以山形水系、繁花名木、鹤鸣鹿啼，宛若人间仙境。

二、"正定模式"的意义与启示

习近平总书记曾于1982—1985年先后担任正定县委副书记、书记。习总书记主政正定期间的政绩之一就是力排众议，促成修建1987年版《红楼梦》电视剧拍摄基地荣国府及宁荣街等旅游景区，为正定后来的发展带来了非常积极的影响，因而被称为"正定旅游模式"，又简称为"正定模式"。关于87版《红楼梦》剧组的荣国府为什么会建在正定这个问题，目前有两种不同说法。

一种说法是剧组先选定在正定建荣国府，习近平总书记得知这一消息之后提出建议，由临时性建筑改为永久性建筑。

1983年，中央电视台筹划将名著《红楼梦》拍摄成电视剧，并选择在正定搭建"荣国府"，作为临时外景拍摄基地，等电视剧拍摄完后，就将其作废。这时，时任正定县委书记的习近平慧眼千里，他认为这是一次发展正定旅游业的大好机会，他提出要将"荣国府"建成永久性建筑。

另一种说法是剧组起初根本没有考虑正定，是正定县政府主动联系剧组，并以修建永久性荣国府的建议打动了剧组，才使得荣国府取景地最终花落正定。

据正定荣国府设计者、古建筑专家杨乃济介绍，在当年《红楼梦》剧组选择荣国府取景地的时候，正定县的领导联系到杨乃济，希望把荣国府建在正定。杨乃济说："我最初听到这个想法的时候大吃一惊，在曹雪芹先生所写的《红楼梦》中，荣国府和大观园只有一墙之隔，而当时大观园已经在北京开始搭建了，这荣国府要是建在正定，岂不是要相距250多公里？"当时的正定县政府提出，不是在正定搭建一个荣国府的取景地，而是要建一座实实在在的荣国府。这个建议打动了《红楼梦》主创人员，荣国府取景地最终花落正定。"现在看来，当时正定县领导的做法真是目光深远。记得开拍的前一天，有媒体进行了报道，第二天不少游客就买票进场参观，如此一来，在拍戏的同时也创造了可观的收入，把正定旅游业从无到有地带动了起来。"杨乃济感慨道。①

第二种说法亦见于张潇爽发表于2013年的《习近平地方执政故事》②一文中：

在河北正定时，得知《红楼梦》电视剧组在寻找外景基地，

---

① 《正定荣国府落成30周年　87版〈红楼梦〉剧组重游故地》，河北新闻网2016年8月17日（https://hebei.hebnews.cn/2016-08/17/content_5745139.htm），访问日期：2022年5月20日。
② 张潇爽：《习近平地方执政故事》，《人民论坛》2013年第13期。

习近平看到潜在的商机，主动上门洽谈，力排众议，说服有关部门和县里投入大笔资金在正定建设拍摄基地"荣国府"，并修建荣国府旅游景区。

河北正定荣国府是根据中国古典文学名著《红楼梦》严格设计建造的，它很好地诠释了书中所说的"金门玉户神仙府，桂殿兰宫妃子家"，是一座具有明清风格的仿古建筑群，分府、街两部分，共占地面积二万二千平方米，建筑面积四千七百平方米，房间二百一十二间，游廊一百零二间。在影视剧《红楼梦》拍摄完成之后，作为拍摄地点的正定荣国府并没有因此而被闲置，而是探寻出了一条属于自己的发展之路。①

"正定模式"对《红楼梦》当代传播的意义，主要有三点：

第一，精心建造的"荣国府"为电视剧提供了"画面真实感"，并为演员提供了有利于塑造人物的环境气氛，从而提高了电视剧的质量，有利于原著的传播。

第二，高度仿真的"荣国府"为熟悉《红楼梦》的读者及观众提供了体验场地，增加了对原著的理解。

第三，永久性的"荣国府"为不熟悉《红楼梦》的游客提供了接触、认识《红楼梦》的机会，持续扩大了《红楼梦》的受众群体。

---

① 参见赵素忍、梁佳玉、胡树颖、杜师铠《正定荣国府对〈红楼梦〉当代传播的推进及思考》，《采写编》2021年第3期。

仿古景观的建造为古代文学经典的当代传播提供了全新的途径和方式。① 河北正定荣国府会定期举办"红楼梦讲堂"活动；节日庆祝活动，如"红楼灯谜大家猜""占花名"等丰富多彩的参与性项目，"刘姥姥进府"（门前迎宾表演）、"元妃省亲"（行进式演出）等各式各样精彩的表演。2020 年元旦，荣国府举行了古装游园、书法绘画现场表演和非物质文化遗产民间手工艺展演三个活动，吸引了众多游客前来参加，这些活动的顺利举办，为荣国府的发展起到了很好的促进作用。除此之外，在荣国府大观楼，还进行了以"梦系红楼"为主题的演出，有情景剧《意境红楼》、舞蹈《枉凝眉》、独舞《彩蝶飞舞》、茶艺表演等。②

三、辽阳曹雪芹纪念馆与唐山曹雪芹文化园

辽阳曹雪芹纪念馆是在清代建筑吴公馆原址上建立起来的，为两套四合院。在高挑檐脊的朱红大门上悬挂着中国红学会会长冯其庸亲笔题写的额匾。在花团锦簇的前庭小院，圆形的假山真水池中，矗立着身着长衫、手握书卷的曹雪芹塑像，环形甬道绕其而行，与院内华丽典雅的晚清建筑，构成了自然景观与建筑景观和谐统一的庭院风光。

---

① 参见段江丽《"正定模式"对〈红楼梦〉当代传播的意义与启示》，《曹雪芹研究》2018 年第 2 期。
② 参见赵素忍、梁佳玉、胡树颖、杜师铠《正定荣国府对〈红楼梦〉当代传播的推进及思考》，《采写编》2021 年第 3 期。

纪念馆展厅共分南院、北院两大部分，展出展品200余件。南院展室陈列着曹氏家谱及有关文物。展出的志书、宗谱、传记、碑石拓片，成为曹雪芹祖籍辽阳的有力证据；展出的奏折、图片诉说着曹家与皇帝恩宠关系和曹家兴衰际遇的因由始末，映透出康熙大帝的文才武略，记录了康乾盛世江南的繁华，也反映了封建社会上层贵族间的世态炎凉、互相倾轧、一朝天子一朝臣的史实。

南院两侧回廊上建有高1.2米，长10.8米的汉白玉名人碑廊。东侧展厅主要展示曹雪芹曾祖、高祖等人著的珍贵史料志书、家传家谱、碑石拓片以及烘托着曹雪芹高祖英勇善战、累建战功的图片等。西侧展厅主要陈列着曹雪芹祖父、父亲两代三人任江宁织造时显富江南的相关资料。北院展室通过实物、图片、沙盘、美术作品等描绘了曹氏家族由盛到衰的历史过程，探索了《红楼梦》这部鸿篇巨制的生活渊源。室内陈列的《脂砚斋评石头记》《脂砚斋重评石头记》《蒙古王府本石头记》《苏联列宁格勒藏钞本石头记》等珍善本书籍和清代中晚期至民国初年的木刻、石印本以及新中国成立后海内外出版的50余种版本展示了《红楼梦》在中国乃至世界的深远影响。①

---

① 参见曹奕《辽阳曹雪芹纪念馆》，《兰台世界》1999年第12期。

唐山丰润作为曹雪芹的祖籍地（仅为一种推测）①，近年来围绕红学文化的传承和发展做了一系列有益探索，曹雪芹文化园是在原还乡河公园基础上建设的，十二根六米高的汉白玉石雕柱矗立在文化园入口，分别雕刻着《红楼梦》中的十二金钗，个个身姿绰约、栩栩如生；其北面是一尊面西半卧的曹雪芹铜像，铜像中曹雪芹表情凝重，目视远方，再向北，便是伸向园区的观景平台。立于此，园中景物尽收眼底，大观湖宛如一条美丽的项链，将大观楼、松茨园、宝黛岛、曹雪芹祖籍旧居等景点连为一体。而坐落正中的仿古建筑大观楼气势雄伟，尽显华丽。沿着红色的环园路前行，渐次映入眼帘的景点同样令人惊喜不断。复建的曹雪芹祖籍旧居古朴典雅，灰色青砖、彩绘门楣、古墙院落，都在述说着曹雪芹先祖曹端明、曹端广于明永乐年间在丰润兴建老宅的历史。绿树掩映中一支十六米长的"神来笔"，

---

① 周汝昌曾考证确认，《红楼梦》作者曹雪芹的祖籍在河北丰润。历史学家杨向奎进一步论证曹雪芹乃丰润曹鼎望之嫡孙，曹錀之子。因曹錀自幼被寄养在辽东曹寅家，曹雪芹便在曹寅家长大。1993年5月8日，丰润县文史工作者在该县曹家洼曹氏坟茔西侧尚古庄调查时，发现了村民收藏的曹鼎望墓志铭和曹錀墓碑。周汝昌先生研读墓志铭后指出，墓志铭中关于曹鼎望两个儿子早死的记载，为曹寅诗文中多次提及、曹学研究中一直无从解释的两个"亡兄"找到了出处。墓志铭中关于曹鼎望三任知府的政事活动的记载，对于了解清代三藩之乱时期的国计民生，具有重要的史料价值。丰润县文史工作者在调查中还发现，丰润曹氏族谱中有其支系迁居辽宁的记载。这就为辽东曹与丰润曹同出一系，曹雪芹的祖籍在丰润提供了有力的佐证。关于曹雪芹的名讳，丰润文史工作者在向曹氏族人调查中了解到，丰润曹家是依金生水、水生土等五行相生学说依辈取名的。历史学家杨向奎指出，曹錀是金字辈，曹霑（霑与沾同）是水字辈。这就为曹霑（雪芹）是曹錀的儿子，以及曹雪芹为什么会取名水字旁，找到了合理的解释。参见谢国明《曹雪芹祖籍考证有重要进展　丰润发现曹鼎望墓志铭史料和曹氏族谱》，《人民日报》1993年7月5日，第4版要闻。

是丰润曹氏家族数千年来文脉诗魂的象征,而环园水系中的"宝黛岛"则将人拉进《红楼梦》作品之中,仿佛倾听到宝黛浪漫的爱情故事……曹雪芹文化园的管理责任单位、丰润区住建局还乡河生态治理公司的赵雁军经理介绍说,曹雪芹文化园项目在 2009 年年底开始运作,经过专家多次考察、论证、研讨,将文化园最终定位为:以曹雪芹祖籍文化为原点,以红学文化为支撑,从空间上扩展文化旅游资源,带动周边区域经济发展,传承民俗文化,提升城市形象,使之成为中国乃至世界红学文化交流、旅游的重要景点。

根据这个定位,曹雪芹文化园的景观规划为"一场、两环、五区、八景"。"一场"为容纳万人的文化广场,包括观景平台、大观湖观景瀑布、大型音乐喷泉水幕电影;"两环"是将园内各个人文景观和生态景观串联起来的环园水系和环园路;"五区"分别指滨湖景观、人文景观、生态园林、生态会馆、配套休闲五大功能区;"八景"则是以曹雪芹祖籍文化为主,辅以自然特色的曹氏旧居、松茨园、青埂峰诗林、江宁织造署、辋川湿地、大观楼、定慧寺、烟雨红楼灯光秀八大特色景观。[1]

四、丰润曹雪芹公园景观设计

曹雪芹公园(旧称还乡河公园),位于丰润区南北中轴线人民路

---

[1] 参见《唐山 15 亿打造曹雪芹文化园,多数景点免费》,河北新闻网 2012 年 12 月 7 日(https://hebei.hebnews.cn/2012-12/06/content_2980293_4.htm),访问日期:2022 年 5 月 20 日。

北端，北邻还乡河，在丰润还乡河基础上进行复建，整体以燕山余脉为背景，与还乡河生态治理工程浑然一体，横贯丰润东西城区，形成总面积达5000亩的壮丽景观带。是河北省重点文化产业项目。

在丰润远景规划用地中，城市发展提出了"三点一带"的发展模式，还乡河公园作为其中重要的点，为城市未来的发展起到了很关键的作用，为城市东部以居住为主的人们提供了良好的休闲娱乐的环境。公园整体地形由东南向西北呈向下三个阶梯状环形分布，地势为东南高、西北低，分别由环园路和环园水系进行分割。市民居住、娱乐和休闲主要集中在曹雪芹公园的东南半部，西北部主要由苗圃和庄稼用地构成。在公园东南部地形较高地区与第二阶梯相接部分主要以中坡和陡坡进行衔接，向西北方向就逐渐过渡到以缓坡和平坡为主。公园设计中所需要的乔木以园内现有为主，减少成本，对于湖区和水系进行开挖，在设计中还以岛屿的形式保留树木。

在环园路以上的第一阶梯，分为两个区域，一是供居民娱乐休闲的广场区，还有一部分是在保存原有地形基础之上所规划出来的绿化区，其中绿化区当中起伏沟壑较多；公园第二阶梯基本包括环园路以及两侧中坡、缓坡部分，绿化多以草坪为主；公园第三大部分就是与环园水系相隔的平原地区，也是整个公园中"五区""十景"主要分布地区，是包括岛屿、假山石、瀑布等人为造景最为丰富的区域。通过实践考察以及资料分析，曹雪芹公园特有的特征总体可以概括为两点，一是自东南向西北呈向下阶梯状分布，二是临河而造，景观路线和环园水系环状交叉连接。①

五、北京园博园之"又见潇湘"主题景观设计

该项目位于北京市域西北部,距离市区约 74 公里,距离昌平新城以及河北怀来、赤城县约 35 公里,位于园博园场域东侧。整体项目地势西北高、东南低,西部较宽,南部较窄,总面积约为 1 万平方米。主要由低缓丘陵、湿地组成,四周基本为居住小区。基地主要由低缓山地丘陵、小河流、池塘和菜地田园组成。项目处于亚热带季风性气候,空气干燥,每年有风暴期。

通过原著中对于潇湘馆的文字描写可以推测:从后院视角观察潇湘馆,馆的外围是一圈粉黛,大门在前端,内里建筑唯有凤来仪馆一处,其间竹树环绕。从门口入,可见得复廊幽径,翠竹参差相互掩映,亭亭玉立,清高风骨,石阶下青石子复叠成道,竹影森森,绿苔青涩。上面小小三间房舍,一明两暗,主建筑的后方见得由后花园而入的一道流觞灌入粉墙间,婆娑秀丽源自紫菱洲,涧溪绕过绿阶屋舍来至园内院中,斑驳盘旋从竹林深处隐去,又化作清泉环绕翠障汇入主流深潭。亭间复廊相互连接,乃茶亭是也。宝玉也有一诗《有凤来仪咏》:"秀玉初成实,堪宜待凤凰。竿竿青欲滴,个个绿生凉。迸砌防阶水,穿帘碍鼎香。莫摇清碎影,好梦昼初长。"

---

① 参见张栩萌、许尚妍《丰润曹雪芹公园景观设计中地形特征分析》,《城市建设理论研究(电子版)》2015 年第 10 期。

红楼一梦——北京园博园之"又见潇湘"主题景观设计中的"红楼一梦"点明作品主题，定下项目基调，创造一个意象的空间环境。"梦"同"红楼"二字组合，暗合《红楼梦》的书名；"梦"作为整个景观规划设计的立意点，一来力图体现中国古代文人借梦寄托情思的情怀，二来圆当代人未完的红楼之梦。

此设计通过对一些古典园林的学习考察，结合永续性的景观结构设计和原著中的园林布置对基地进行再设计；规划栈桥、园路及亭台廊榭的设置，对水循环系统进行清淤、净化、修复，提高水体储量；重建园区局部及整体的生态链，实现能量循环利用。研究红学人文历史，结合基地环境，打造中式山水之上的体验框架，构筑"雨水花园"系统①与稳定的微生物动植物生物圈，讲述独特又富有感染力的场地故事。

设计后的场地植物配置丰富，结构设计明晰，粉墙三面设置漏窗，石山之上筑有望山亭，一来可以借到邻园景色，二来游人可在园中复廊行走中移步易景。复廊是长廊的不同表现手法，有曲有折的设计使人行走在其中时不觉乏味。廊一侧临水可欣赏湖色风光，另一侧在东边墙面形成哑巴院，再以漏窗点缀其中，接连周围园子的景色且

---

① 近年，国际上提出了雨水花园的概念，这一概念针对城市雨洪管理，结合当下城市景观特色，提出了相对应的水系统回收利用设施，现已在美国欧洲等地区得到大力推广，该设施在城市洪涝灾害泛滥的季节通过渗透、过滤和反渗透装置，降低地表径流的洪峰，然后通过降解离子交换等手段减少污染量，在城市干旱期反渗干净的水资源至地表，维持植物生境。简言之，雨水花园就是一个大型"生物滞留区域"（Bioretention Area），是人工发明的一个生态性设计。通常从外观来看该设施就是一个低洼的草皮树木区域，用植物和树皮来覆盖其表面，在这个类自然的设计中隐藏了一个低影响的雨洪管理与雨水利用系统。

不会太过压制本园的景色。

园内以湖南菊花石的造景为主，用石山叠成此园的景观制高点，组团组簇与植物配置相结合，土、石、植一体形成古朴之特色。园林中规模不大的竹林随处可见，典雅的建筑错落分布其间，庭院间的石子小路弯曲穿行，一汪绿水深潭可见得锦鲤悄然游去。在氛围营造上，通过潇湘馆的景观再现，游人在天晴之时可感受阳光熹微旷达神怡之势；雨季或是夜晚来临之时，晚香阵阵，浮光跃金，月色迷离。竹影森森的静谧之感淡化了《葬花吟》之忧伤。

此园不同于现代景观设计中出现主题景观点，而是巧用植物建筑山石水系将整个园林串联起来形成有机自然的整体。建筑隐在园林中，颇感幽静之宛然。时光在山石竹影间流逝，茶亭之中焚香修禅，游人品味着人生何为进退，算千古之输赢的境界与滋味。[①]

六、黄叶村曹雪芹纪念馆的地域建构

1962年，北京市文化局为了配合纪念曹雪芹逝世200周年的活动，在吴恩裕《有关曹雪芹八种》[②]的基础上展开对曹雪芹的故居、后裔及坟茔的走访和调查，分别做了《北京市文化局关于曹雪芹故居后裔及坟茔的调查报告（1962年3月26日）》和《北京市文化局关于曹雪芹墓葬故居及后裔调查第二阶段工作情况汇报（1962年7

---

① 参见赵雨琛、张戈《红楼一梦——北京园博园之"又见潇湘"主题景观设计研究》，《艺术市场》2022年第1期。
② 吴恩裕：《有关曹雪芹八种》，古典文学出版社1958年版。

月26日）》①的报告。报告中提到，曹雪芹晚年"大概居住西山一带，死后葬于附近"。《红楼梦》第一回作者自述其境况"茅椽蓬牖，瓦灶绳床"，其友敦敏、敦诚、张宜泉等人的诗句亦可为他晚年居于西山郊外村落之旁证，如"碧水青山曲径遐，薜萝门巷足烟霞""山村不见人""不如著书黄叶村""日望西山暮餐霞""寂寞西郊人到罕""庐结西郊别样幽""门外山川供绘画"等。②

西山作为曹雪芹传说传承与传播的重要空间载体之一，对"社会身份""社会关系"及"知识和信仰体系"三个层面的建构与呈现，是贯穿其始终的"底色"。1954年，吴恩裕在《新观察》发表《关于曹雪芹》一文后，承德的一位读者赵常洵（镶红旗满族）来信讲述小时候有个家住在香山健锐营的同学对他说的关于曹雪芹居住在那里的故事。同年，一位名叫曹未风的读者也来信称自己在1930年曾于北京西郊一个名叫"镶黄旗营"的村子（颐和园后过红山口去温泉的路上附近）里听说过有关曹雪芹晚年的故事。1972年，吴恩裕在安徽濉溪得知舒成勋及复壁题诗，后与胡文彬、周雷两度考察"正白旗三十八号"③并对舒成勋进行访谈。1973年至1976年，为了考证曹雪芹在西郊的居处，吴恩裕对白家疃的张德顺、刘兰、王荣等，香山北辛村的赵伯英，正白旗的舒成勋、南宪章、任老头、尹世林，原住北坞后迁至正白旗的王世珍，小屯的麻淑林，蓝靛厂的麻廷惠，大有庄

---

① 《1962年北京市文化局关于曹雪芹生平的调查报告》，载北京档案馆编《北京档案史料：2001.4》，新华出版社2001年版，第58—79页。
② 《1962年北京市文化局关于曹雪芹生平的调查报告》，载北京档案馆编《北京档案史料：2001.4》，新华出版社2001年版，第59页。
③ 这里采用原文。

的杨增厚,韩家川的曾汝丁等当地的老人进行了访谈。①

香山健锐营、镶黄旗营、正白旗三十八号、白家疃等地域经由曹雪芹传说相勾连,从而构建了单纯地缘关系之外的"知识和信仰体系",传说在"层层叠加、改造、创制"②中与地域文化及历史发展脉络相交融。如张永海之子张嘉鼎回忆其家族与曹雪芹传说的"渊源",他的祖父张窦泉自幼不喜读书,酷爱音律,曾把一百二十回本《木版石头记》编成莲花落,在香山健锐营一带连台演出四十余年。其子张永海亦深受熏染。③吴恩裕在《考稗小记 曹雪芹红楼梦琐记》中记载蓝靛厂的回民老人麻廷惠提到早年间他与胞兄麻淑亮在打夯时所唱的《红楼梦》打夯歌:

数九隆冬冷嗖冰,滴水檐前挂冰凌。
百草花开败树叶落地,松树开花万年青。
有才子留下半本《红楼梦》,列位不知尊耳是听。
贾公子正在此处观花逛景,忽听耳边一里有了人声。
贾公子扭过脸来抬头看,看见了紫鹃、雪雁丫鬟二名。
开口便把丫鬟来叫,叫声紫鹃、雪雁你是听:
你家姑娘在与不在?丫鬟说:我家的姑娘现在房中。
姑娘连夜身乏要睡午觉;二爷进房莫高声。
贾公子点头说我知道,不必你们细叮咛。

---

① 参见吴恩裕《曹雪芹丛考》,上海古籍出版社 1980 年版,第 116 页。
② 杜正贞:《"礼仪下乡"与"文化合成"》,《读书》2020 年第 9 期。
③ 参见张嘉鼎《曹雪芹的传说》,河北人民出版社 1982 年版,第 95—96 页。

此一段落与大鼓《宝玉探病》一节情节唱词相似，据《红楼梦书录》"戏曲、电影"一节所载：《中国俗曲总目考》收录鼓词《宝玉探病》，其首句为："数九隆冬冷似过冰，滴水檐前挂玉钉；什么人留下半本《红楼梦》，列位不知细耳听……"又有一首名为《探病》的鼓词，其首句亦道："言的是初九寒天冷似冰，滴水檐前挂玉钉；那林黛玉得病潇湘馆，怎不见宝玉儿哥哥到房中？莫不是这几日天寒身怕冷……"① 除梅花大鼓外，还有西河大鼓、乐亭大鼓等本。② 仲涵《莲花落概说》中亦提及："莲花落曲本，近日所流行者，清唱者计有……《黛玉悲秋》《宝玉探病》……"③

无论是《木版石头记》莲花落，还是《红楼梦》夯歌，抑或其他文艺形式④，它们明朗活泼的叙事模式，将曹雪芹及《红楼梦》传说进行了适应于地方需求的改编和创制。其演述与接收的过程，也并非简单的回流、传播与接纳，而是在具体的文化实践之中逐渐形成了本地域的民间叙事与文化想象。

新时期以来，围绕民间文学三套集成的编纂，收录曹雪芹传说

---

① 一粟编：《红楼梦书录》，古典文学出版社1958年版，第342—343页。
② 参见仲涵《西河大鼓概说》，《华北日报》1948年3月19日；仲涵《乐亭大鼓概说》，《华北日报》1948年8月27日。
③ 仲涵：《莲花落概说》，《华北日报》1948年7月16日。
④ 以连环画为例，20世纪50年代即出版《红楼梦》(锦书编，钱笑呆绘图，张国珍缮写；1954年4月上海东亚书局石印本，二册，一九二页)、《晴雯》(钱笑呆、陶干臣、李福宝、张国珍绘，胡雁校阅；1954年5月上海前锋出版社橡皮版印本，一册，一四〇页)、《尤二姐》(上海三民图书公司编辑室编，董天野绘，赵景深、秦瘦鸥校订，1954年7月上海三民图书公司印本，一〇六页，"红楼梦连续画"之一)、《尤三姐》(上海三民图书公司编辑室编，董天野绘，赵景深、秦瘦鸥校订，1954年7月上海三民图书公司印本，一〇四页，"红楼梦连续画"之一)；等等。

的故事集、连环画、资料汇编等陆续出版[①],以曹雪芹为核心,围绕其青年时期、创作《红楼梦》、婚娶、给人看病、助人危困、扎风筝等情节单元一层一层推衍开来。相似的地方叙事流传于北京香山、寿安山、金山——"小西山"一带,并沿着运河水系,延伸至通州张家湾一带,故事中的社会经济与文化景观呈现出某种"结构性的相似"。如张嘉鼎在《曹雪芹的传说》中搜集整理的二十二个故事中,呈现出明显的地域集中性,如《看病》,篇首即云"曹雪芹初来香山居住时,不被人重视……"[②]后来由于他高超的医术,治好了正白旗的满洲副都统赫端的腿疾,一时名声大噪。《庙会上》的故事中,讲述了曹雪芹同鄂比先生在望花山娘娘庙的庙会上调解"民人小伙子"和"旗人子弟""攀地盘"的故事,篇首即点明望花山娘娘庙在"曹雪芹晚年居住的镶黄旗北上坡西边不远的地方"[③]。《"庙吁"和"妙玉"》与《"空空道人"和他的诗歌》故事所记皆为《红楼梦》原型人物的传说,前者所述之地为北京香山碧云寺东北、卧佛寺西南,在毓璜顶下半山腰的庙宇——望花山娘娘庙。后者"空空道人"为"香山一老道",于京西漂泊之际,和法海寺(北京香山万安山法海禅寺,也叫北法海寺)的老法海慧枢极好,醉后给他书写"敬佛"石碑数尺(此碑尚存香山法海寺上)。

---

① 除文中所举书目之外,还有如祁连休《历代文学艺术家的传说 第一册》,上海文艺出版社1981年版;王一奇编《中国文人传说故事》,中国民间文艺出版社1982年版;白山等编《中国名人传说》,中国广播电视出版社1996年版;冯志华选编《中国民间故事精品库 人物传说卷》,中国文联出版社1999年版;等等。
② 张嘉鼎:《曹雪芹的传说》,河北人民出版社1982年版,第1页。
③ 张嘉鼎:《曹雪芹的传说》,河北人民出版社1982年版,第27页。

曹雪芹纪念馆是在原来正白旗村 39 号老屋基础上向西拓展，一字排开，共建十二间，分五个展室。1989 年，又在原展室后面新建房屋六间，将前面展室的展品做适当调整后，辟为第六、第七两个展室，主要展出曹雪芹的家世生平资料及《红楼梦》的各种版本和研究论著。

黄叶村内的"河墙烟柳""薜萝门巷""竹篱茅肆""柴扉晚烟""古井微波"等景点均以曹雪芹传说及《红楼梦》为"底本"。展室的陈列与景点的设置形成了一种内外两层的"嵌套"性文化景观——景中景。如黄叶村内的三孔桥、凹晶馆、红楼春画、杏花坞、碉楼、邀月台等景观的设置，除了聚焦地方景观的物质功能与视觉美学上的共时性关联之外，尤为侧重传说文本的连接与意义的建构。以黄叶村北碉楼为例，这里曾是清代旗营用以训练的设施，乾隆十二年（1747），清政府为平息大金川（今四川阿坝州大金县）地区的叛乱，于香山设健锐营，并于旗营间仿金川地区的居住建筑建造碉楼，用以训练。它与杏花坞的石碾和石磨这种充满"日常性"的景观巧妙地融合在一起，同时又保持了自己景观的相对完整性与独特性，形成一种互相关联的混合景观。它们为传承及接收文化意义、知识、记忆等遗产行为提供了庄严的文化背景、地域环境要素。换言之，这些景观对于人们的重要意义在于对它们的利用，而非它们本身的物质存在。

2008 年，曹雪芹纪念馆重新布展并免费开放以来，游客量增加，局促的空间里承载了场景展示、图文解说、文物陈列、纪念品和书籍售卖、餐饮服务、文物馆藏、管理办公、接待等复杂多样的功能。另外,外围的生活场景很单薄,不符合历史环境风貌,缺乏旗营文化与生活场景、曹雪芹作为旗人日常生活状态的表达。再者,由于游览空间不足,纪念馆内也不能提供体验型和参与型的文化项目。

基于以上客观情况,为了跳出过去对故居问题的争议,同时又突出曹雪芹纪念馆与曹雪芹的直接关系,合理结合北京植物园域内的历史文化遗存,形成一个让游客感受曹雪芹"著书黄叶村"的实地氛围,北京植物园和北京曹雪芹学会共同策划,提出了"曹雪芹西山故里"历史文化景区设想。

2011年,海淀区从山后温泉镇白家疃至山前香泉环岛的地下通道规划通过,这意味着,一旦施工,隧道将对现有地上建筑形成破坏,其中就包括曹雪芹纪念馆及周边地区。在此情况下,"曹雪芹西山故里"项目不得不更快提上日程。2012年1月13日,胡德平建议将山后白家疃至山前香泉环岛的地下通道与"曹雪芹西山故里"的规划同步进行,时任北京市市长的郭金龙和副市长陈刚对此做了批示。此后,北京市规划委召开了"研究西山隧道与曹雪芹纪念馆同步规划建设问题"沟通会,会议认为:西山隧道不影响"曹雪芹西山故里"项目建设,"西山故里"项目可以根据项目建设需求,提供相应数据,隧道建设方可在设计上满足项目要求,并要求北京市公园管理中心、北京植物园按照相关规范完成规划,尽快申报规划方案。

2012年,北京植物园与北京曹雪芹学会联合成立"曹雪芹西山故里"项目小组,正式启动调研规划设计、专家论证等各项工作。从地理范围来说"曹雪芹西山故里"项目处于海淀区"三山五园"①的中心,山后白家疃村建有同样以曹雪芹为主题的废艺斋文化产业园,在曹雪芹纪念馆与白家疃之间,又有民间传说中曹雪芹从山前到山后必经的蜿蜒小道,可串起一些与曹雪芹相关的文物遗迹,如正白旗村的龙王庙、河墙、卧佛寺,樱桃沟里的元宝石,山上的广泉废寺,山后的怡贤亲王祠等。在此大环境下,充分整合周边的历史文化资源,以充实其游览路线。

在上述原则指导下,北京植物园委托北京建工设计院进行方案设计,经过近两年的论证修改,目前的设计方案为:在现有规划范围内,以形式内容相对独立的三个区域呈现。

区域一:曹雪芹故里

曹雪芹故里的建设目的是通过对曹雪芹生活时代建筑、生活场景、空间环境的展示,让游客身临其境,进入曹雪芹的历史空间,了解曹雪芹的一生和曹家家世。

该区域保留曹雪芹纪念馆现有展室 35 间,另外在黄叶村范围内

---

① 三山五园是对北京西郊沿西山到万泉河一带皇家园林的总称,包括:畅春园、圆明园、香山静宜园、玉泉山静明园、万寿山清漪园等皇家园林,此外还包含皇家赐园、私家园林以及寺庙园林。自辽、金以来,北京西山以东层峦叠嶂,湖泊罗列,泉水充沛,山水衬映,具有江南水乡特征的山水自然景观。因此,历代王朝皆在此地营建行宫别苑。乾隆时为增加玉河水量以满足京城用水需要,同时为防洪及发展西郊水稻生产,而大规模整治西山水系。河湖水系的改善为进一步开拓西郊风景园林建设打下了基础。三山五园以无与伦比的辉煌成就在世界造园史上展现出灿烂的光辉。三山五园的历史文化价值绝不是仅仅供皇帝玩赏的"景观",而是体现着中国传统造园理论和实践的集大成之作。它是帝王审美理念的集中体现,是当时政治、经济、文化的集中体现,是一部以园林形态表现历史文化的活的史书。

复建以下建筑：

1. 佐领院：以清代旗营建筑形式复建。位置在黄叶村酒馆后，碉楼附近。恢复历史遗迹，营造正白旗营房的环境。

2. 箭场箭亭箭道：原箭场位置在纪念馆后，古井南侧箭场是正白旗营的一个标志性场所，可以充分展现清代兵营文化的特色，为游客了解曹雪芹生活内容提供现实环境；箭亭内可设置清代兵营知识展览和文物陈列，以清代建筑形式展现。

3. 档房：负责管理旗民信息、发放钱粮的管理机构，复建后可作为八旗历史文化馆。

4. 大学坊和小学坊：位于一排展室西侧，现三间房位置，复建后作为展室配套，展示旗营的教育制度与场景。

5. 更房：旗营打更者值班的地方，复建后可以作为办公、资料用房。

6. 谢草池：曹雪芹友人诗中有"谢草池边晓露香，怀人不见泪成行"句，据说谢草池为当日旗营中饮马方便之用，也可以美化环境。

7. 碑廊：更好地安置、保护和展示 20 世纪 80 年代从香山一带收集的遗留古碑，共十四通，是清代西山一带历史、地理、经济、文化、民俗的实物见证。现露天放置，有栅栏围挡，风化得很厉害，也不利于游客了解碑文信息。

8. 河墙：恢复"河墙烟柳"的原有格局。"河墙"是清乾隆年间修建的输水工程，这一与满族习武以及折柳风俗紧密关联的历史文化景观，是正白旗的外围标志。

9. 曹雪芹墓碑：根据传说，曹雪芹死后葬在了正白旗的义地，现在已不能在原址重修，但可在景区里选择合适的位置竖立墓碑，以供游人凭吊追思。

区域二：曹雪芹博物馆

曹雪芹博物馆的功能定位非常明确，以展览、研究、教育、交流为目标。一个功能是展览交流：呈现百年红学研究成果、文化艺术展演、《红楼梦》文化产品展示；另一个重要功能是收藏曹雪芹及《红楼梦》相关文物和文献资料，力争建成全球最大的曹雪芹研究资料中心，并通过网站建设实现资源共享。另外，建设现代化的学术报告厅，以"名人讲堂"或论坛形式建立研究者、爱好者之间的交流机制。

博物馆位置在黄叶村东南侧，拟以现代建筑形式呈现，地上不超过两层，实现现代博物馆的展览、陈列、文物收藏、资料收集、学术交流、会议接待、办公等基本功能。这个区域应满足：

1. 《红楼梦》思想、文化、艺术展览；

2. 曹雪芹相关文化产品展览；

3. 50万册图书的资料中心和电子图书馆；

4. 收藏相关文物1万件左右的文物收藏中心；

5. 容纳200—300人的多功能厅；

6. 容纳50—100人的小型会议室；

7. 30人左右的办公场地；

8. 容纳100辆车的地下停车场。

区域三：芹溪书院

芹溪书院以曹雪芹在江南熟悉的盐商建筑或江南织造的典型建筑为形式，是对曹雪芹少年时代生活场景的补充，可以丰富参观者的体验。芹溪书院可用于收藏曹雪芹生活时代的珍贵文物资料并进行展览交流、拍卖，另外可以此为基地进行国际交流，比如与国际博物馆学会专业委员会合作，成为国际文学创作营的活动基地。①

21世纪以来，"遗产通过传递支撑身份认同的永恒价值观及完整血脉而为人类提供存在意义"②。黄叶村的地方建构为曹雪芹传说的"认同"提供了一种物质表征和真实存在，而曹雪芹传说又将物质现实转化为身份认同的代表性符号。

以"曹雪芹故居"之争为例，吴恩裕在《文物》1973年第2期上发表《曹雪芹的佚著和传记材料的发现》，认为曹雪芹于乾隆二十三年（1758）迁往北京西郊去温泉路上的白家疃村。③但舒成勋始终坚信"正白旗村39号"为曹雪芹故居并试图通过"文字材料、香山一带的文物古迹、祖辈的传说三者统一起来"论证"壁上题诗"的真实性。他认为，"题诗"的真实存在奠定了曹雪芹西山传说在整个曹雪芹传说体系中的位置。④曹雪芹纪念馆的选址则赋予或者说进一步强化了"正白旗村39号"的"权威"；特别是2011年"曹雪芹西山

---

① 曹雪芹纪念馆相关资料参见位灵芝《北京"曹雪芹西山故里"项目建设刍议：以英国莎士比亚故居为借鉴》，《曹雪芹研究》2014年第1期。
② 曹雪芹纪念馆相关资料参见位灵芝《北京"曹雪芹西山故里"项目建设刍议：以英国莎士比亚故居为借鉴》，《曹雪芹研究》2014年第1期。
③ 参见吴恩裕《曹雪芹丛考》，上海古籍出版社1980年版，第129页。
④ 参见舒成勋述，胡德平整理《曹雪芹在西山》，文化艺术出版社1984年版，第3页。

传说"被列入国家级非物质文化遗产代表性项目名录之后,"曹雪芹西山传说"的管理和保护实践被纳入公共话语体系,传说的民间性发生转换,渐趋演化为一种重要的政治文化工具。人们借助传说的地方性想象及文化景观的体验,完成对"地方的再认识",如曹雪芹纪念馆将"正白旗39号""古槐"等传统空间进行保留与适应性改造,在这些既有空间之间又增加了现代化半室外的交流空间——凹晶馆与芹圃学坊。

其中,芹圃学坊的红楼梦邮局整体风格与曹雪芹纪念馆融为一体,邮局内设置的牌匾、邮筒、展柜、名牌等兼顾地方风土建筑要素,传统的图像与符号呈现于现代化建筑空间,在文化上传统与现代"互动与涵化",固守"风土"[①]的同时,又关注跨地域与文化间的交流。这种新旧景观空间的交叠、地域本土与全球化的相互编织,共同构成了一种新景观,加固了国家、群体或个人的群体认同,在物质景观属性、活动行为与文化意义层面,寻求建构认同的最佳路径,充分尊重人们的"体验感",循序渐进地改进与葆育地方性景观。芹圃学坊的红楼梦邮局为迎接2020年新春所设置的KT板,模仿微信朋友圈的页面布局,呈现《红楼梦》第五十四回"史太君破陈腐旧套 王熙凤效戏彩斑衣"的故事,并将贾母、尤氏之间的对话以"点赞+评论"的方式进行展现。作为一个"多层次的文化展演",这种融合参观、参与、诠释的景观体现了"回忆与纪念",同时"协调与建构"

---

① 正如和辻哲郎所说"世界史必须给不同风土的各国人民留出他们各自的位置"。参见[日]和辻哲郎《风土》,陈力卫译,商务印书馆2006年版,第2页。

了当前的地方感、归属感和认知感。在人们看来，其特别之处在于他们并不是在书本上看到这些故事，而是在"曹雪芹故居""古槐"等相关文化遗址所在地参与到故事的建构中，重织着人们渐行渐远的地方感。

曹雪芹传说成为一种"被体验"的遗产，同时也是一种记忆、回忆和展演的过程。重走"曹雪芹小道"成为人们追忆曹雪芹的一种形式。如一名为"打鹰洼"的游客在其博客中用诗歌记述了他重走曹雪芹小道之行："山村石桥忆曹公，古道似见君身影。白家疃至村黄叶，'废艺''红楼'万古颂。"另有一名为"峨眉淡扫"的游客带朋友重走曹雪芹小道时，朋友边走边吟："传神文笔足千秋，不是情人不泪流。可恨同时不相识，几回掩卷哭曹侯。"此诗为清乾隆年间的宗室诗人永忠所作，此时吟诵，不觉为曹公身世唏嘘不已，与古人有心意相通之感。如此种种重游之后的感叹，不胜枚举。曹雪芹及《红楼梦》的记忆促使人们带着情感[①]去重走"曹雪芹小道"，情感的投入，使得沿途的碉楼、卧佛寺、隆教寺、樱桃沟、白家疃的地方意义在他们的"凝视"下与记忆、体验交互生成。

这种"情感的、认知的和想象的"过程使公众也参与到"曹雪芹传说"的展演过程中。以"曹雪芹西山传说"小学生故事会比赛为例，孩子们对《曹雪芹送礼》《曹雪芹看病不要钱》《各二爷的由来》《元宝石的故事》《曹雪芹起死回生》等故事的讲述不但会调整、调和

[①] 这种情感通常是由仪式性的纪念表演本身及其所架构并主导的记忆行为与记忆制造行为所产生的。

曹雪芹传说"权威化"的遗产意义，而且可以创造出新的记忆和认同。同时，在特定地方——曹雪芹纪念馆也使得这种认同具有重要的本土文化意义。学者及教师在比赛中承担了一系列对他们具有内在意义的"遗产行为或行动"——指导学生参加比赛的过程中，他们将曹雪芹传说的价值与意义传承给年青一代，让孩童体验到"遗产"的"鲜活"。同时，这种"遗产"展演也构成并验证了：遗产并不是"静止的"或者"凝固的"，而是一个不断传递已有价值观和意义，且同时也创造新的意义及价值观的过程。①

曹雪芹传说始终处于渐进式发展的结构体系之中，通过人们与地方、景观互动的展演过程，存续其中的记忆与情感被触发与激活，同时也为人们提供了一种历久弥新的精神核心来面对全球化的时空观转型与象征性边界的形成。②

七、张家湾博物馆的文化展示与文化传播

张家湾博物馆是中国第一个镇级博物馆，其建筑规模与陈列技术都处于前列，该馆的布展、策划者主要是曹志义。曹志义出生于张家湾镇张湾村，他在访谈中讲述了博物馆的建造过程。2014年筹备建设时，其原型为"张湾村村史馆"，他认为"运河文化""古镇文

---

① 参见[澳]劳拉·简·史密斯（Laura Jane Smith）《遗产利用》，苏小燕、张朝枝译，科学出版社2020年版，第30页。
② 参见毛巧晖《地方性、地方感与地域认同——曹雪芹传说的文化生产路径之考察》，《贵州社会科学》2021年第1期。

化""红学文化"为张家湾的主体,其中"运河文化"重在图片、文献及实物展示,博物馆的造型也借用了船帆的符号;古镇文化重在张家湾的古地图及周良考证的文物、遗迹。在红学文化展示中,首先是"学者"话语的全面表达。张家湾博物馆的题名由冯其庸撰写。作为"曹雪芹墓石发现"考证、研究的重要推动者,冯其庸在红学学术史上的成就当地民众并不关心,但作为张家湾红学文化缔造的重要推动者,他们积极将其与地域叙事联结。

在博物馆内,通过电子屏幕显示,滚动播放冯其庸在张家湾曹氏墓石发现中的讲话、所撰写的文稿及他在张家湾里二泗村举办的红学研究活动。文化遗产通过音影图文的媒介宣传,推动了文化的客观化和商品化,并将其转化为公共展演,其意义远远超出了"共享交际活动的范围",同时在传播中,当地价值观融入其里。① 博物馆的镇馆之宝可谓"曹公讳霑墓"墓石,而红学文化恰以此为核心,包罗了《红楼梦》版本、文献中曹家当铺与曹氏家族资产的陈列、与曹氏家族相关的圣旨陈列等。物的陈列既是文化的导引,也是地域文化"事实"的表达。最后则是张家湾未来建设愿景,他们希冀能恢复以《红楼梦》为原型的古镇文化景观,或者在当下首都副中心的建设中,在附近的购物中心播映厅不定期上演大型《红楼梦》实景剧。

在文化凝视中,博物馆成为"地方性知识"的展演与当地"民

---

① 参见[美]迈克尔·赫茨菲尔德《人类学:文化和社会领域中的理论实践(修订版)》,刘珩、石毅、李昌银等译,华夏出版社2009年版,第325页。

俗认同"的空间展示。另外，博物馆对于当地民众生活实践而言，只是"物"的存在，或者"地理坐标"，而对于他者则是当地民俗传统展示之处与了解其民俗传承的重要场域。因此张家湾博物馆的"红学文化"恰为向外的传播窗口，构拟了"他者"视域中的张家湾红学文化的"民俗认同"。①

第三节　蒜市口十七间半曹雪芹故居纪念馆的未来运营与当代文化建设

展望蒜市口十七间半曹雪芹故居纪念馆的未来运营，其文化景观设计应围绕"文化共同体"展开，留住文化"在场的有效性"。首先，空间的"改造"与"利用"应当彼此呼应，形成统一风格。其次，推动原有建筑空间"活化"与"新生"。再次，有效利用不同区域的文化特征与标志物，营造"共有、共建、共享"的文化记忆。展出的档案史料、工艺品、老照片等实物既可以作为景观建设手段，又可以在新旧传承中重构景观功能与空间秩序，延续文化记忆，并形成新型社区文化。最后，充分挖掘红学文化元素，并通过相应的空间、

---

① 毛巧晖:《文学想象与地域民俗认同的构拟——基于北京市通州区张家湾"中国红学文化之乡"构筑的思考》,《暨南学报(哲学社会科学版)》2019年第4期。

材质、肌理以及公共艺术手段强化文化理念传承；通过融入艺术生活主题，用景观感知的手法呈现"共享"内蕴。

蒜市口十七间半曹雪芹故居纪念馆中陈列的历史遗迹和文物众多，并且在纪念馆中收集和保存的物品，具备很强的文化传承价值，在这些文物保存和收集的过程中，对于提高《红楼梦》历史文化价值的宣传产生的影响很深远。蒜市口十七间半曹雪芹故居纪念馆在性质方面不仅仅是一种红学文化延续发展的载体，更是一种物化展现的现实存在。蒜市口十七间半曹雪芹故居纪念馆在《红楼梦》的当代传播中产生的作用非常突出，纪念馆建于"蒜市口十七间半"这样一个唯一"有清代档案可据，有《京城全图》可证，有遗迹遗物可寻的曹雪芹故居遗址"，在开放的过程中除了对红学文化有重要的传承价值之外，对进一步研究曹雪芹家世及《红楼梦》创作历程产生的宣传和教育意义重大。

纪念馆运营中应该充分地利用历史文化遗迹中具体的历史事件以及物化的精神传承载体，开展一系列的陈列和展示活动，通过举办各种主题文化的展览，将红学文化大众化的传播进行有效的推广；应该充分地借助各种文化传承载体来开展红学文化的传播，同时在呈现过程中应该充分地重视应用各种审美方面易于接受的感性呈现方式，来开展曹雪芹纪念馆的文化传承工作。

蒜市口十七间半曹雪芹故居纪念馆扩大了红楼文化的内涵，促进了红楼文化的传播，同时也拓展了红学研究空间，促进了红学研究的繁荣。

第一，扩大了红楼文化内涵，促进了红楼文化的传播。古典文学名著在当代的传播方式中,影视、网络等新兴媒介甚至已经取代了传统纸质阅读的主导地位。年青一代对《红楼梦》的了解,除个别"红迷"外,大部分源于影视剧与网络论坛。而来自各地方政府开展的红楼主题文化活动成为年青一代和普通群体接受《红楼梦》的一种最直观的方式。各地曹雪芹纪念馆的展品主要由曹雪芹家世生平以及《红楼梦》评论与研究的图片、实物等组成,参观者无形中成为红楼文化的接受者,也可能成为红楼文化的传播者。馆内开展的各种文化活动也成为公众进一步了解红楼知识与学习红楼文化的重要途径。

第二,拓展红学空间,促进红学的繁荣。在传统红学的基础上,目前又出现了红楼文化与当地文化建设、红楼文化产业研究等新领域。既然《红楼梦》能够成为一个城市的文化名片,为这个城市带来社会文化与经济效益。因此,如何更好地挖掘红楼文化资源,开展怎样的红楼主题文化活动,成为各地方政府需要思考的重要问题,也成为红学中的新课题。纯学术研究与应用型研究具有不同的研究思路与研究方法,获得的研究成果也风格迥异,这无疑拓展了红学的研究空间。此外,各城市开展的红楼主题文化活动超越了图书、影视、戏剧等单一的传播方式,形成了一种新的红楼文化现象,为学者提供了一个新的研究视角。

第三,蒜市口十七间半曹雪芹故居纪念馆的建立对丰富市民文化生活,拓展文化产业发展空间,打造城市文化名片,树立良好的城市文化形象也具有积极意义。各地方政府打造的红楼主题文化活动,在某种程度上都惠及于民。蒜市口十七间半曹雪芹故居纪念馆本身就是公共文化设施,在实现其展示、展览、研究功能的同时,还将发挥其教育、休闲娱乐功能，其服务民众的目的不言而喻。纪念馆的建立也会延展文化产业发展空间，促进当地文化、经济的发展。

北京是曹雪芹的主要生活场所，是《红楼梦》的创作地，是《红楼梦》最初流传与刊刻发行的地方，也是当代红学的研究重地，曹雪芹故居纪念馆的建立对于提升城市知名度，扩大其国内外影响力，塑造良好的城市文化形象也具有极为重要的作用。①

---

① 参见何卫国《〈红楼梦〉的当代传播与城市文化名片》，《红楼梦学刊》2011年第3辑。

结语

新时期以降,由于新方法、新观念的借鉴运用与论争探讨,使得红学呈现出多元化的面貌,展示出更为蓬勃的生机,红学史也进入最为辉煌的一个时代。

这一阶段的一个显著变化是,《红楼梦》的研究对象逐渐从以往相对集中的文学本体研究,转变为更宽泛的文化研究。具体来看,新时期以来红学与文化研究的融合可以分为两个方面,即《红楼梦》中的文化研究和文化研究中的《红楼梦》。

恩格斯对《人间喜剧》的经典评价,称其"汇集了法国社会的全部历史",《红楼梦》亦如是。是以"把'红学'的研究目的仅仅理解为还原历史本事或者回归文学性,不能充分呈现这部书的文本构成的多面性及其在传播过程中的文化积淀"①,而《红楼梦》的文化研究要窥视的正是中国历史文化的全息图像。

从《红楼梦》的文学研究到《红楼梦》的文化研究,是文化发展在红学研究中的突出反映,更是红学在时代文化变迁中的自我驱

---

① 陈维昭:《红学史诸论题的主要症结》,《南开学报(哲学社会科学版)》2015年第1期。

动。一方面,"文化研究有效地扩张了文学的话语场域,种种社会主题纷纷卷入,形成一个能量巨大的文化旋涡"①。文化研究的目的不是对文学审美的粗暴背弃,而是对文学作品阐发空间的有益开拓,发掘与探索其更为广阔的文化景观与恒久的文化价值。放之于红学,同样如是。另一方面,《红楼梦》所凝聚与承载的中华优秀传统文化,也被时代文化语境赋予了新的内涵与使命,即在倡扬铸造中华文化新辉煌的当下,欲对传统文化进行创造性转化、创新性发展,首先需要了解传统文化的真实面貌,而欲了解传统文化的真实面貌,则必须立足于传统文化语境,到具体载体中进行探索与考察——《红楼梦》的"历史文本"正是其最佳载体与经典范本。

文化研究中的《红楼梦》则呈现另一面貌。

改革开放以来,社会变迁日新月异,作为文化现象的红学社会热点也不断涌现。1987年,央视版电视剧《红楼梦》热播,街谈巷议争说红楼,全社会掀起新的红学热潮;21世纪之初,有关《红楼梦》的电视讲座、选秀以及新版电视剧《红楼梦》的热播,一再将红学推向社会舆论的风口浪尖。根据教育部2018年年初颁布的《普通高中语文课程标准(2017年版)》,新版高中语文教材高一下册增加《红楼梦》整本书阅读的单元,将《红楼梦》作为中国文化经典名著在青少年教育领域中的地位提升到新的高度。

时下有关《红楼梦》的各类艺术改编以及《红楼梦》主题的艺术创作与文化艺术展览花样繁多。互联网兴起催生的各种新形式的

---

① 南帆:《文学经典、审美与文化权力博弈》,《学术月刊》2012年第1期。

网络改编,如网络小说改编,移动音、视频改编,游戏改编,社交平台话题传播等,更是令人目不暇接。《红楼梦》在成为网络平台流量入口的同时,也因其格外突出的吸引力成为当下的热门经典文化 IP。而《红楼梦》与当代大众文化之间的关联,也成为 20 世纪八九十年代以来红学的新课题。戴锦华认为 90 年代的大众文化以有力有效的方式参与了当代中国文化的构造过程,指责大众文化于事无补,拥抱大众文化同样无益。大众文化已然崛起,并要求在日渐多元且分裂的社会主流文化中占据一席之地,已经成为人文学者无法回避的现实。① 回到红学的场域,同样如此,全民关注"红楼选秀"、小戏骨迷倒粉丝、B 站弹幕刷屏《红楼梦》电视剧、走红的"红楼"抖音短视频、微博"伏黛"CP 成为流量话题以及"林黛玉发疯文学",等等,大众文化对《红楼梦》展开层出不穷的"文本盗猎",这些文化现象恐怕是红学研究者无法回避的题目,也对红学研究提出了新的挑战。

与此同时,围绕《红楼梦》展开的文化产业开发也成为新的红学现象,如《红楼梦》文化景观和文化社区的建设、《红楼梦》文创产品的研发,还有与曹雪芹相关的非物质文化遗产的成功申请等,都凸显着红学依然是当代中国的极为特别的文化现象,被大众广泛关注,从而吸引了学术界的目光,也昭示着文化研究中的《红楼梦》作为新时期以来的红学特色已然形成。

---

① 参见戴锦华《隐形书写:90 年代中国文化研究》,江苏人民出版社 1999 年版,第 2—3 页。

当前，崇文门外蒜市口十七间半曹雪芹故居纪念馆复建完工，既是红学研究者和爱好者的多年期盼，也是红学史和当代文化建设的盛事，其后续开放运营，社会各界都期待将其打造为北京地标性文化景观。本书即在考察曹雪芹生平轨迹的基础之上，系统回顾与总结蒜市口曹雪芹故居研究历史，探讨曹雪芹故居文化象征意义的生成过程，及其在不同时空维度的文本、图像之间的互文对话与相互作用中所构建的学术脉络，进而力图阐释曹雪芹故居研究在其发展脉络中以何种方式关联着我们的世界和生命的体验，同时尝试引入与当代文化建设相关的应用性视角，以期助力曹雪芹故居纪念馆未来的建设与运营，并促进曹雪芹文物遗迹研究乃至红学的学术自觉与范式转换。

附录一　蒜市口十七间半曹雪芹故居研究资料索引[①]

【期刊论文】

篇名	作者	期刊、会议、书籍等	年	卷期辑版
《记齐白石与曹雪芹的红楼梦》	张次溪	香港《文艺世纪》	1963年	6月号
《新发现的有关曹雪芹家世的档案》	张书才、王道瑞、俞炳坤等	《历史档案》	1983年	第1期
《雪芹旧居，京华何处》	张书才	《红楼梦研究》	1983年	第4期
《旧燕归来　蒜市巢栖》	徐恭时	《红楼梦研究集刊》	1986年	第13辑
《曹雪芹蒜市口故居初探》	张书才	《红楼梦学刊》	1991年	第2辑
《访"十七间半房"》	端木蕻良	《北京政协》	1991年	1月号
《蒜市口当有曹雪芹故居》	宫中	《北京档案》	1993年	第4期
《曹雪芹北京城内故居考证》	张元	《北京教育学院学报》	1995年	第4期

[①] "蒜市口十七间半曹雪芹故居研究资料索引"只是收录了编者目力所及资料，难免挂一漏万，疏误之处，深以为歉。在此也向为本项研究提供资料与帮助的各方同仁师友致以诚挚谢意！

续表

篇名	作者	期刊、会议、书籍等	年	卷期辑版
《曹雪芹故居（原蒜市口16号）变迁之回忆》	马允升	《文史选刊》	1997年	第12期
《雪芹故居今安在 崇文门外蒜市口》	张书才	《文史选刊》	1997年	第12期
《北京蒜市口曹雪芹故居遗址研讨会在北京召开》		《历史档案》	1999年	第3期
《满族习俗与蒜市口曹雪芹故居》	赵书	《满族研究》	1999年	第4期
《蒜市口16号院房屋基础发掘纪实》	红建设	《红楼梦学刊》	2001年	第3辑
《北京蒜市口的"十七间半房"：曹雪芹由宁迁京第一处居住地考》	曹革成	《红楼》	2003年	第1期
《曹雪芹蒜市口故居》	张书才	《文史知识》	2003年	第12期
《档案考证曹氏故居复建依据〈京城全图〉》	刘守华	《中国档案》	2003年	第12期
《蒜市口：曹雪芹梦幻红楼的奠基地》	杨树明	《北京纪事》	2004年	第7期
《曹雪芹在北京西城的足迹》	金诚	《海内与海外》	2007年	第2期
《曹家蒜市口旧宅新考》	杨泠	《红楼梦研究（壹）》	2007年	
《漫话广安大街》	崔金生	《北京档案》	2009年	第9期
《曹雪芹蒜市口故居再议》	兰良永	《曹雪芹研究》	2014年	第3期
《曹雪芹"蒜市口地方房十七间半"旧宅新探》	黄一农	《红楼梦研究辑刊》	2015年	第10辑
《50年前探寻曹雪芹身世的田野调查》	刘守华	《寻根》	2016年	第6期
《蒜市口 蒜市口大街 蒜市口地方：谈曹雪芹崇外故居研究中的几个概念——兼及曹雪芹的北京城市交游、成长与纪念》	樊志斌	《北京文博文丛》	2018年	第3期
《曹雪芹"归籍"北京两广路——〈红楼梦〉很多地名出于此》	张恩杰	《中国地名》	2019年	第4期
《统筹蒜市口故居复建》	宋慰祖	《北京观察》	2019年	第1期

续表

篇名	作者	期刊、会议、书籍等	年	卷期辑版
《"蒜市口地方"、右翼宗学沿革考述》	刘天地	《曹雪芹研究》	2020年	第2期
《"十七间半"曹雪芹故居考论》	俞正来	《温州大学学报(社会科学版)》	2021年	第5期
《这里是曹雪芹写〈红楼梦〉的地方——写在蒜市口十七间半曹雪芹故居纪念馆复建工程完成之际》	张庆善	《红楼梦学刊》	2021年	第5辑
《蒜市口十七间半曹雪芹故居研究述论》	张歆、石中琪	《红楼梦学刊》	2021年	第5辑
《新发现的曹家蒜市口"十七间半"地点考略——以在中国第一历史档案馆新发现的档案文献为主要依据》	胡铁岩	收录于《"纪念新红学100周年 中国红楼梦学会成立40周年暨2021年学术年会"会议论文集》	2021年7月	
《曹家鲜鱼口旧宅初探》	杨泠			未刊稿
《曹雪芹"十七间半"家宅位于崇文门外大街路西考》	胡铁岩	《北方工业大学学报》	2002年6月	第3期

【著作收录】

文章	书籍	作者	出版单位	年月
《正蓝旗德某谈曹雪芹》	《曹雪芹佚著探源》	吴恩裕	天津人民出版社	1979年
《崇文门外之卧佛寺》	《曹雪芹佚著探源》	吴恩裕	天津人民出版社	1979年
《燕市芹迹小考》	《红学散论》	顾平旦、曾保泉	文化艺术出版社	1987年12月
《重返北京》	《曹雪芹与北京》	曾保泉	中国妇女出版社	1993年
《败落望族》	《曹雪芹与北京》	曾保泉	中国妇女出版社	1993年
《曹雪芹故居：蒜市口》	《红楼家世——曹雪芹氏族文化史观》	周汝昌	黑龙江教育出版社	2003年1月
《雪芹履印落城东》	《红楼家世——曹雪芹氏族文化史观》	周汝昌	黑龙江教育出版社	2003年1月
《曹雪芹卧佛寺故居》	《红楼家世——曹雪芹氏族文化史观》	周汝昌	黑龙江教育出版社	2003年1月
《站在废墟上的遐想——从曹家故宅被拆想起的》	《红楼长短论》	胡文彬	北京图书馆出版社	2004年10月
《记忆的碎片——写在曹家故宅废墟中拾回的磁片上》	《红楼长短论》	胡文彬	北京图书馆出版社	2004年10月
《一样文人，两种命运——答台湾某电视台记者问》	《红楼长短论》	胡文彬	北京图书馆出版社	2004年10月
《雪芹故居何处寻——〈曹雪芹蒜市口故居初探〉辨析》	《红苑杂谈》	张秉旺	军事谊文出版社	2007年
《"蒜市口十七间半"补说》	《红苑杂谈》	张秉旺	军事谊文出版社	2007年
《鲜鱼口与曹家》	《红苑杂谈》	张秉旺	军事谊文出版社	2007年

【报纸】

篇名	作者	报纸名称	年 月 日	卷期辑版
《蒜市口当有曹雪芹故居》	李松龄	《北京晚报》	1983 年 7 月 25 日	
《"十七间半"曹雪芹故居遗址再成热点》	王蔚	《光明日报》	1999 年 6 月 24 日	第 2 版
《广渠门 207 号的历史变迁》	郭春磊	《北京青年报》	1999 年 8 月 30 日	第 3 版
《曹雪芹故居梦》	张念庆、许秋汉、郭春磊	《北京青年报》	1999 年 8 月 30 日	第 3 版
《故居规划设想》	包苏	《北京青年报》	1999 年 8 月 30 日	第 3 版
《专家观点》	包苏、许秋汉	《北京青年报》	1999 年 8 月 30 日	第 3 版
《建好雪芹旧居纪念馆》	周汝昌	《北京日报》	1999 年 11 月 5 日	第 12 版
《为保护好曹家旧宅》	冯其庸	《北京日报》	1999 年 11 月 5 日	第 12 版
《曹雪芹故居何处？》	宗春启	《北京日报》	1999 年 11 月 12 日	第 9 版
《踏访"十七间半"》	阮可宏	《上海老年报》	1999 年 12 月 3 日	
《曹雪芹故居遗址记》	蔡义江	《人民政协报》	2001 年 1 月 24 日	第 4 版
《曹雪芹蒜市口故居考》	张克刚	《团结报（北京）》	2000 年 4 月 20 日	第 4 版：副刊园地
《请保留曹雪芹故居遗址》		《人民日报·文化信箱》	2000 年 4 月 29 日	
《曹雪芹在京故居遗址确认为"蒜市口十七间半"》		《光明日报》	2003 年 9 月 6 日	时事政治
《曹雪芹北京故居找到了——红学家确认为"蒜市口十七间半"》	王军	《中山日报》	2003 年 9 月 6 日	A2
《曹雪芹故居明年异地复建》	孙金凤	《华夏时报》	2006 年 12 月 19 日	

续表

篇名	作者	报纸名称	年 月 日	卷期辑版
《复建曹雪芹故居将有望免费开放》	李巍巍	《法制晚报》	2006年12月18日	
《雪落蒜市口》	任林举	《文艺报》	2016年1月8日	第8版
《曹公遗迹在南城——20年前曹雪芹蒜市口故居学术研讨会追记》	赵润田	《新华书目报》	2019年1月31日	第4版：视角
《周汝昌寻访蒜市口曹雪芹故居》	周伦玲	《今晚报》	2019年8月9日	第12版：副刊·讲述

附录二　蒜市口十七间半曹雪芹故居研究学术年谱

1981 年　任世铎和张书才在《历史档案》1981 年第 2 期上发表《新发现的查抄李煦家产折单》一文。

1982 年 9 月 22 日至 29 日　张书才先生在上海师范学院举行的全国《红楼梦》学术讨论会上介绍了从中国第一历史档案馆所藏清代内务府档案中发现的文献。《新发现的曹频获罪档案史料浅析——在一九八二年全国红学讨论会上的发言提要》一文发表于《上海师范大学学报（哲学社会科学版）》1982 年第 4 期。

1983 年　张书才应《团结报》总编许宝骙先生邀约撰写《雪芹旧居，京华何处》一文，该文是有关曹雪芹蒜市口故居的第一篇文章。

1991 年　张书才在《红楼梦学刊》第 2 辑发表《曹雪芹蒜市口故居初探》一文，结合档案史料与乾隆《京城全图》的逐一对比与辨析，确认"蒜市口 16 号院"，即抽分厂西数第 3 号院为"曹家旧宅"。

1993 年　宫中在《北京档案》第 4 期发表《蒜市口当有曹雪芹故居》一文。

1995 年　张元在《北京教育学院学报》第 4 期发表《曹雪芹北

京城内故居考证》一文。

1997年 马允升在《文史选刊》第12期发表《曹雪芹故居（原蒜市口16号）变迁之回忆》一文。

张书才在《文史选刊》第12期发表《雪芹故居今安在崇文门外蒜市口》一文。

1999年 赵书在《满族研究》第4期发表《满族习俗与蒜市口曹雪芹故居》一文。

6月8日 北京崇文区政协、北京市政协、中国红楼梦协会在龙潭公园龙吟阁联合召开"曹雪芹故居遗址研讨会"，确认蒜市口曹雪芹故居遗址并建议北京市、崇文区政府和文物部门，结合市、区的规划建设，在蒜市口修建曹雪芹故居纪念馆。

7月16日 召开"第二次曹雪芹旧居遗址研讨会"，会议形成《关于建立曹雪芹旧居遗址博物馆的建议》。

11月5日 《北京日报》第12版刊载周汝昌《建好雪芹旧居纪念馆》、冯其庸《为保护好曹家旧宅》两篇文章。

2000年10月 广安大街扩建改造工程已经推进至蒜市口16号院的周围，11月初，施工队开始全面拆除地面建筑。

12月 经河南省洛阳文物勘测公司对中院、后院（其时前院地基已被道路施工队挖掘机摧毁运走）进行地下发掘、勘测。

2001年1月1日 曹家旧宅拆除工作完成。

1月24日 蔡义江在《人民政协报》发表《曹雪芹故居遗址记》。

张书才在《红楼梦学刊》第2辑发表《曹雪芹家世档案史料补

遗》一文。

2003 年 9 月 5 日 在纪念曹雪芹逝世 240 周年活动新闻通气会上，中国红楼梦学会副会长蔡义江向记者明确证实："曹雪芹北京故居遗址已确认在'蒜市口十七间'，就是现在的北京广渠门内大街 240 号四合院，文献档案考证及考古发掘都已证实了这一结论。"

张书才在《文史知识》第 12 期发表《曹雪芹蒜市口故居》一文。

2006 年 北京市人大代表宋慰祖连续十二年在两会上呼吁曹雪芹蒜市口故居的复建一事。

2007 年 张秉旺所著《红苑杂谈》中收录《雪芹故居何处寻——〈曹雪芹蒜市口故居初探〉辨析》《"蒜市口十七间半"补说》《鲜鱼口与曹家》等文章中对推断"蒜市口 16 号院"为曹雪芹故居的考证材料逐一辨析。

2008 年 张书才在《红楼梦学刊》第 5 辑发表《曹雪芹生父新考》一文。

2009 年 张书才《曹雪芹家世生平探源》一书由沈阳白山出版社出版。

2014 年 兰良永在《曹雪芹研究》第 3 期发表《曹雪芹蒜市口故居再议》一文。

2015 年 黄一农在《红楼梦研究辑刊》第 10 辑发表《曹雪芹"蒜市口地方房十七间半"旧宅新探》一文。

2017 年 杨泠在《红楼梦研究（壹）》发表《曹家蒜市口旧宅新考》一文。

2018 年 樊志斌在《北京文博文丛》第 3 期发表《蒜市口 蒜市口大街 蒜市口地方：谈曹雪芹崇外故居研究中的几个概念——兼及曹雪芹的北京城市交游、成长与纪念》一文。

2019 年 1 月 23 日 "蒜市口十七间半"曹雪芹故居复建工程正式启动。

2020 年 12 月 曹雪芹故居迁建工程完成毛坯竣工。

2020 年 刘天地在《曹雪芹研究》第 2 期发表《"蒜市口地方"、右翼宗学沿革考述》一文。

2021 年 12 月 曹雪芹故居纪念馆二装完工，并于本月 21 日内测试运营。

2021 年 俞正来在《温州大学学报（社会科学版）》第 5 期发表《"十七间半"曹雪芹故居考论》一文。

张庆善在《红楼梦学刊》第 5 辑发表《这里是曹雪芹写〈红楼梦〉的地方——写在蒜市口十七间半曹雪芹故居纪念馆复建工程完成之际》一文。

张歆、石中琪在《红楼梦学刊》第 5 辑发表《蒜市口十七间半曹雪芹故居研究述论》一文。

2022 年 6 月 胡铁岩在《北方工业大学学报》第 3 期发表，《曹雪芹"十七间半"家宅位于崇文门外大街路西考》。

2022 年 7 月 蒜市口十七间半曹雪芹故居纪念馆正式开馆。